Die Frau im Alten Griechenland

Inhalt

Einführung

Das klassische Griechenland und insbesondere das klassische Athen genießt als erste europäische Hochzivilisation ein großes, zuweilen schwärmerisches Ansehen. Wir verbinden mit ihm bedeutende Leistungen in Kunst und Literatur sowie die Erfindung der Demokratie und damit einen frühen Ausdruck bürgerlichen Freiheitsbewusstseins, das die europäische Idee als historische Errungenschaft damals wie heute gerne für sich reklamiert.

Jedoch hatte diese griechische Zivilisation ihre Schattenseiten. Recht gut bekannt ist, insbesondere durch die Arbeit der marxistischen Geschichtswissenschaft, die Praxis der Sklaverei in der Antike, also auch im klassischen Griechenland. Erst das Christentum sorgte dafür, dass sie in Europa zwar auch später noch hin und wieder praktiziert, aber als Institution im allgemeinen moralisch verworfen wurde. Ein anderes unrühmliches Merkmal des Alten Griechenland hat bislang weniger Interesse gefunden: seine rigide Unterdrückung und Beherrschung der Frauen durch die Männer, die besonders die athenische Bürgergesellschaft kennzeichnete. Athenische Frauen unterstanden in allen Belangen ihres Lebens einem männlichen Vormund, hatten keinerlei Eigentumsrechte und keine Möglichkeiten, die Gestaltung ihres Lebens auch nur mitzubestimmen. Sie wurden bereits mit etwa vierzehn Jahren verheiratet.

Danach arbeiteten sie abgeschirmt von jeder Öffentlichkeit im Haus ihres Ehemannes, und ihre Hauptaufgabe bestand darin, diesem Ehemann legitime männliche Erben zu gebären. Keine andere bekannte historische Gesellschaft hat in Theorie und Praxis eine Form der Frauenfeindlichkeit hervorgebracht, die der des klassischen Athen in Verächtlichkeit und Härte vergleichbar wäre. Dabei wird diese Periode der griechischen Geschichte eingerahmt von Entwicklungen, die im historischen Vergleich Frauen sehr viel Spielraum ließen. Auch in Sparta, das im 5. Jahrhundert Athens großer Widersacher in den Auseinandersetzungen um die Hegemonie in Griechenland wurde, genossen die Frauen sehr viel mehr Freiheiten. Hier herrschte eine andere, sehr stark die Gemeinschaft aller Einwohner betonende Gesellschaftsform, die zwar ebenfalls mit vielen Härten und Einschränkungen einherging, nicht aber Frauen dem rigorosen Diktat ausschließlich männlich definierter Erbfolgen unterwarf.

Am Anfang der bemerkenswerten Kulturentfaltung im Alten Griechenland steht bekanntlich die minoische Zivilisation, die eine gynozentrische Orientierung erkennen lässt. Über ihre ethnischen Trägerinnen und Träger ist nichts Genaues bekannt. Nach der Einwanderung indoarischer Stämme in Südosteuropa ging die minoische Kultur in der mykenischen Palastzivilisation auf. Bis zu den so genannten *Dark Ages* der griechischen Geschichte vom 12. bis zum 8. vorchristlichen Jahrhundert ist in Bezug auf das Geschlechterverhältnis nichts Bemerkenswertes zu verzeichnen. Seit dem 7. Jahrhundert entwickelten sich dann die in Stadtstaaten (*poleis*) organisierten Bürgergesellschaften und mit ihnen die von der Nachwelt als »klassisch« charakterisierte Zivilisation und Kultur, mit der sich dieses Buch hauptsächlich beschäftigen wird. Sie wurde Ende des 4. Jahrhunderts durch die hellenistische Epoche abgelöst, die den Frauen erneut einige Freiheiten einräumte.

Die griechische Klassik, für die wie keine andere Polis Athen stand, beruhte auf und in einem ideologischen Gespinst, in welchem die systematische Entmündigung und Unterdrückung der Frau eine zentrale Rolle spielte. Das Zusammengehen der klassischen Hochkultur im Alten Griechenland, für die besonders die politischen und kulturellen Errungenschaften Athens stehen, mit extremen Formen von Frauenfeindlichkeit ist kein Zufall. Es hat vielmehr seine eigene Logik, die teilweise sozialgeschichtliche, teilweise kulturgeschichtliche Gründe hat.

Das wichtigste Prinzip der griechischen Bürgergesellschaft, die die Zivilisation des klassischen Zeitalters hervorbrachte, war die strikte Trennung des Familiären und Privaten vom Öffentlichen. Auf diese Weise brachen die Poleis mit der ganz anderen Lebensweise und Kultur des Adels, von der noch die Homerischen Epen einiges erkennen lassen. Weibliche Zuständigkeiten wurden seit dem 7. Jahrhundert v. Chr. auf die Angelegenheiten des privaten Raumes, d. h. des unmittelbaren Hauses beschränkt, wobei aber auch dieses nicht wirklich ihrer Hoheit unterstand, sondern Besitz ihres Mannes und seiner ihr zunächst völlig fremden Familie war.

Das Weibliche in Gestalt irdischer Frauen verkörperte in der griechischen Kultur schlechthin alles, was die Ordnung der Polis in Frage stellte und potentiell bedrohte. In der griechischen Anschauung musste die Struktur der Haushalte (*oikoi*), denen jeweils ein männliches Familienoberhaupt vorstand, ständig gegen zersetzende Kräfte verteidigt werden. Die Subjekte dieser Zerstörung waren die Frauen, die zwischen den Oikoi ausgetauscht wurden, um durch das Gebären von Nachkommen ihren jeweiligen Fortbestand zu sichern. Dadurch, dass Töchter ihr Elternhaus verließen und in die Obhut anderer Familien gegeben wurden, gefährdeten sie aber den Besitzstand ihrer eigenen. Ihre gleichwohl erzwungene Mobilität in dem auf Statik bedachten System der Haushalte war es, die Frauen eine Charakterisierung als Quelle und Trägerin aller familiären und gesellschaftlichen Unruhe eintrug. Man sah die Anlage dazu in der körperlichen Konstitution von Frauen und ihren Ausdruck in »typisch weiblichen«, emotional gespannten Gemütszuständen. Auf der anderen Seite waren die Männer keineswegs bereit anzuerkennen, welche Dienste die Frauen für ihre Familien und im Haushalt des Mannes leisteten. Ihrer patriarchalen Ideologie entsprach es vielmehr, diese Dienste zwar in jeder Hinsicht zu beanspruchen, ihr allgemeines Erscheinungsbild aber vor allem dadurch zu schmälern, dass sie die Rolle der Frau bei der Zeugung und Geburt auf die eines nährenden Gefäßes für das heranwachsende Kind degradierten, das überdies dem »heißen Samen« des Mannes, aus dem allein nach griechischer Anschauung der Fötus hervorging, gefährlich werden konnte.

Auch im Bereich der Kultur stand die Frau für das, was der klassische Zeitgeist, der die erste Blüte spezifisch abendländischer Auffassungen von Rationalität und Subjektivität hervorgebracht hatte, hinter sich lassen wollte. Dabei kann es jedoch keinesfalls als ausgemacht gelten, dass die entsprechenden kulturellen Leistungen tatsächlich ausschließlich von Männern erbracht wurden. Homer verschriftlichte auf seine Art Traditionen, an denen durchaus Frauen beteiligt gewesen sein können, und mit Sappho kennen wir zumindest eine griechische Dichterin, deren Innovationen für die weitere Entwicklung griechischer Literatur und Geistigkeit maßgeblich gewesen sind. Spuren weiblicher Kreativität finden sich bis in die klassische Tragödie hinein. Solches Erbe wurde jedoch bis weit ins 20. Jahrhundert hinein konsequent entweder geschmäht oder verleugnet.

Die griechische Frauenfeindlichkeit hatte andere, tiefliegendere Gründe als die Unzugänglichkeit ihrer kulturellen Prinzipien und Zugangsweisen für Personen weiblichen Geschlechts. Die bei den Griechen gerühmte Klarheit der Formen in Sprache und Kunst hatte einen Preis, nämlich die Ablehnung und Verdrängung der grundsätzlichen Unwägbarkeiten und Widersprüche des Lebens, die den Menschen unwillkürlich Furcht einflößen. Diese Furcht wird in Stammes- und vorindustriellen Kulturen über Rituale ständig vergegenwärtigt und bewältigt. Die griechische Hochkultur war die erste, die einen solchen Weg nicht mehr gehen wollte und sich dem Gefühl des Ausgeliefertseins an unbekannte Mächte dadurch entgegenstellte, dass sie sich ihre eigenen, von den Naturgegebenheiten weitgehend unabhängigen Entwürfe und Ideale schuf. Rationales, begriffliches Denken unterliegt der Notwendigkeit von Definitionen: Die Gegenstände und Zustände der Erscheinungswelt werden voneinander getrennt, wodurch die Einsicht in Zusammenhänge der Natur und des Lebens überhaupt verloren gehen. Statt im Rahmen solcher Zusammenhänge vollzieht sich rational-logisches Denken charakteristischerweise in Dichotomien.

Die griechischen Stadtstaaten errichteten die klassische Zivilisation vernehmlich auf den Gegensatzpaaren Griechen – Barbaren, Natur – Kultur und Mann – Frau. Sie entwarfen so das Bild einer Zivilisation, die sich allein sich selbst verdankte; nach diesem Selbstverständnis bedurfte sie weder der regenerierenden Kräfte der Natur und der weiblichen Physis, noch anerkannten sie ihre Wurzeln in den älteren Kulturen des östlichen Mittelmeerraumes. Die Athener bildeten eine eigene Mythologie der Autochthonie aus, nach der ihr Urahn nicht von einer leiblichen Mutter, sondern von der attischen Erde geboren wurde. Auf diese Erde hatte der Vulkangott Hephaistos seinen Samen ergossen, als er versuchte, Athene zu vergewaltigen, die ihm aber entwich. Alles, was von den Athenern außerhalb ihrer autochthonen Zivilisationsideale gestellt wurde, projizierten sie auf die Frau. Diese stammte folglich nach dem Mythos auch nicht von dem Erdensprössling Erichthonios ab, sondern von Pandora, die Zeus mit allen Übeln der Welt in ihrer Büchse den Menschen schickte, um sie für ihre Anmaßung gegenüber den Göttern zu bestrafen. Das Weibliche wurde zum Gegenprinzip einer als männlich bestimmten Geisteshaltung und sozialen Ordnung stilisiert, und die Griechen waren konsequent genug, diese Konstruktion auf die real existierenden Frauen in ihrer Gesellschaft zu übertragen und ihnen eine entsprechende Stellung zuzuweisen.

Der Antagonismus und die Asymmetrie zwischen den Geschlechtern im klassischen Athen machten sich in allen Lebensbereichen bemerkbar, also auch in der Religion. Die Religion bietet in dieser Hinsicht sogar besonders reiches Anschauungsmaterial, weil sie als einzige gesellschaftlich-kulturelle Sphäre Reversionen der offiziellen Ideologie erlaubte und auch einiges aus der Perspektive der der betroffenen Frauen selbst erkennen lässt. Der Kultus bot den griechischen Frauen ihr einziges sanktioniertes öffentliches Betätigungsfeld. Frauenrituale als komplexe Symbolhandlungen hatten eine integrative und gleichzeitig dissoziative Funktion. Die Frauen spielten genau die Rolle, die ihnen die patriarchale Gesellschaft einerseits zuschrieb und andererseits verbot. Dadurch erfüllten sie die Erfordernisse der offiziellen Ideologie, leiteten aber auf der persönlichen Ebene auch einige temporäre Freiheiten für sich ab.

Die unterdrückte Stellung griechischer Frauen in der Gesellschaft bedeutete nämlich keineswegs, wie man unter anderen Voraussetzungen als denen der griechischen Kultur erwarten müsste, eine Unterdrückung und Unterrepräsentation auch in der Religion. Im Gegenteil bekamen sie gerade hier, in einer Sphäre des »Numinosen« und »Anderen«, wichtige Rollen zugewiesen.

Die Religiosität der griechischen Frauen unterschied sich erheblich von den literarischen Stilisierungen, die den olympischen Götterglauben prägten. Sie war erheblich älteren Ursprungs und kreiste genau um die Bereiche, denen die klassische griechische Kultur sich verweigerte: um den Tod und die Entstehung neuen Lebens.

Die vorliegende Darstellung behandelt das Thema »Die Frau im Alten Griechenland« unter verschiedenen Aspekten. Kapitel 2 zeichnet zunächst die historische Entwicklung zum griechischen Patriarchat nach. Gegen

den Hintergrund früherer Epochen werden die Besonderheiten der Bedeutung der Religion für die Frauen im
klassischen Griechenland deutlicher hervorgehoben.
Kapitel 3 beleuchtet das Verhältnis des griechischen
Göttervaters Zeus zu den älteren Göttinnen und zu
Frauen im allgemeinen, in dem vor allem das patriarchale Selbstverständnis griechischer Männer seinen
mythischen Ausdruck findet. Mit diesem Selbstverständnis verbunden und aus ihm resultierend ergibt
sich in Kapitel 4 die Sicht von Männern auf den weiblichen Körper. Die griechische Gynäkologie ist ein her-
vorragendes Beispiel für Geschlechterkonstruktion, die
bereits auf der Ebene der Biologie ansetzt. Sie ist eng
verzahnt mit den griechischen Ideen über den »weiblichen Charakter«, liefert Erklärungen für die Behandlung der Frauen durch die für sie verantwortlichen
Männer und fungiert als Interpretationsgrundlage für
eine spezifisch weibliche Religiosität.

Kapitel 5 vergleicht die »Weiblichkeit« der griechischen Frauen mit der der griechischen Göttinnen. Danach behandelt Kapitel 6 die furchterregenden Frauen
der attischen Mythen und Theaterfestspiele, mit denen
sich Männer vor Augen führten, was passieren könnte,
wenn sich Frauen Selbstbestimmungsrechte herausnäh-
men. Dominierte so bis hierher die männliche Perspektive, widmen sich die folgenden vier Kapitel den religiösen Aktivitäten von Frauen bei Einweihungsriten,
im Dionysoskult, bei Klageriten und bei exklusiven
Frauenfesten. Hier zeigt sich, wie die griechischen Frauen
die von Männern dominierte Vorstellungswelt umsetz-
ten und zuweilen in Ansätzen auch gegen sie rebellier-
ten.

Auf Anmerkungen im Sinne eines wissenschaftlichen Apparats wurde aus Gründen der besseren Lesbarkeit verzichtet. Soweit sich das vorgetragene Material aber auf Erkenntnisse und Hypothesen bestimmter Autoren und ihrer Werke stützt, wurde dies ausdrücklich im Text vermerkt. Ein ausführliches Literaturverzeichnis im Anhang führt zusätzlich relevante Titel auf.

Vor dem Patriarchat: Frau und Weiblichkeit in der Religion Griechenlands von der minoisch-mykenischen bis zur archaischen Epoche

Die Stellung der Frau in Gesellschaft, Kultur und Religon des klassischen Griechenland ist nur vor dem Hintergrund einer langen Entwicklung zu verstehen, die die Zivilisation im ägäisch-griechischen Raum genommen hat. Sie beginnt mit den jahrtausendealten Kulturen Kretas und der Kykladen, die sich im Strahlungsfeld des Nahen Ostens befanden und entsprechenden, auch religionsgeschichtlichen Einflüssen Ägyptens und Mesopotamiens ausgesetzt waren.

Die minoische Kultur mit ihrem Zentrum in Alt-Kreta wurde von dem Archäologen Arthur Evans nach König Minos benannt, der wahrscheinlich als historische Persönlichkeit um 1500 v. Chr. die kretische Seemacht repräsentierte. Die Mythologie hatte aus diesem Herrscher den Sohn des Zeus und der Europa gemacht. Im klassischen Athen gab es zwei unterschiedliche Traditionen des Minos-Mythos. Der berühmte Dramatiker Euripides, dessen Werke einschließlich der erhaltenen Fragmente wichtige Zeugnisse für den Zeitgeist seiner Epoche sind, zeichnete ihn als tyrannischen, blutrünstigen und grausamen Herrscher, der einer in Luxus und Laster schwelgenden Adelsgesellschaft vorstand. Der Sage nach hatte Minos sich bereits gegenüber dem in der Ägäis hochverehrten Meeresgott Poseidon schuldig gemacht, indem er sich von ihm als Herrscher über Kreta einsetzen ließ, ihm dann aber den prachtvollen, dem

Meer entstiegenen Stier als Opfer versagte. So stand die Herrschaft des Minos aus dieser griechischen Sicht von Anfang an im Zeichen des Unrechts. Seine Gattin Pasiphae soll mit dem Stier einer unnatürlichen Leidenschaft gefrönt haben. Zu den hieraus hervorgegangenen Kindern gehörte der Minotauros, ein halb menschen-, halb stiergestaltiges Ungetüm, das Menschenopfer verlangte. Im Verlaufe der Eroberungskriege, mit denen Minos ganz Griechenland überzog, wurde Athen von einer schweren Pest heimgesucht, von der es nur Befreiung erlangen konnte, indem es in regelmäßigen Zeitabständen (jedes Jahr, oder, nach anderen Überlieferungen, alle neun Jahre) je sieben junge Männer und Frauen nach Kreta schickte, wo der Minotauros sie verschlang. Erst Theseus, der athenische Volksheld, der sich irgendwann unter den ausgesuchten Opfern befand und das Ungeheuer erschlug, konnte der unerträglichen Situation ein Ende setzen. Nach dieser Überlieferung hat das minoische Kreta also den Athenern schwer zu schaffen gemacht, und seine Kultur wurde mit entsprechenden Ressentiments beladen.

Auf der anderen Seite aber preist Platon in seinen *Nomoi* (I 624b) die nach seiner Sicht direkt von Zeus stammende weise Gesetzgebung des Minos. Alle neun Jahre soll der König den heiligen kretischen Berg Ida bestiegen und vom höchsten Gott selbst die Gesetze empfangen haben, nach denen er die Insel regierte. Entsprechend wohlgeordnet und gerecht sei es hier zugegangen. In den *Nomoi* schildert der Kreter Kleinias seinem athenischen Dialogpartner das Recht und die Sitten seiner Heimat, und der »Fremde aus Athen« bezeugt eine verbreitete Meinung, nach der »die Gesetze der Kreter ... unter allen Hellenen in besonderem Ansehen stünden«. Dies wurde insgesamt der besonderen Verbindung des Minos mit Zeus zugeschrieben und im Sinne einer Übereinstimmung mit der göttlich-kosmischen Ordnung gesehen. Sogar noch nach seinem Tod behielt der kretische Herrscher eine Beziehung zum göttlichen Gesetz: Der Mythos machte ihn zum Richter in der Unterwelt.

Die aus klassischer Zeit stammende Rechtsinschrift von Gortyn, die sich auf die Verhältnisse des dorisch kolonisierten Kreta bezieht, lässt erkennen, dass auf der Insel eine matrilineare Erbfolge galt. Die kretischen Frauen blieben ihrer eigenen Sippe verbunden und behielten nach der Heirat das Recht auf ihren eigenen Besitz, das heißt, der Ehemann hatte keinerlei Verfügungsgewalt über ihre Mitgift. Im Falle einer durch den Mann veranlassten Scheidung erhielt sie von ihm zusätzlich eine Geldsumme. Auch griechische Forscher und Reisende bezeugen, dass kretische Frauen mehr Freiheit genossen als die Einwohnerinnen anderer Stadtstaaten und insbesondere Athens. Zusammengenommen mit den archäologischen Hinweisen lassen solche Hinweise darauf schließen, dass das Ansehen der Frau und ihre Stellung in der Gesellschaft im vorindoeuropäischen Griechenland völlig anders waren als in klassischer Zeit. Ohne hier das Reizwort vom Matriarchat bemühen zu wollen, müssen wir davon ausgehen, dass Frauen in der minoischen Kultur ein selbstverständliches Ansehen genossen und in vielen gesellschaftlichen Bereichen gleichberechtigt neben den Männern vertreten waren. Es gibt keinerlei Hinweise darauf, dass die Tätigkeiten von Frauen wie später in Griechenland auf häusliche und mütterliche Bereiche beschränkt gewesen wären. In Platons *Nomoi* unterhalten sich die drei Gesprächspartner auch über die Vorzüge einer gemeinsamen Erziehung von Jungen und Mädchen, wie sie auf Kreta wie auch in Sparta noch in klassischer Zeit üblich war.

Auffällig stark vertreten waren die minoischen Frauen im Bereich der Religion. Dies ist ein Zug, der die älteren Epochen mit der klassischen Zeit Griechenlands verbindet; nur waren die Voraussetzungen in Neolithikum und Bronzezeit wohl gänzlich verschieden von denen im klassischen Athen. So entspricht im Alten Kreta die Anwesenheit der Frauen in Kult und Ritual ihrer Stellung im gesellschaftlichen und wirtschaftlichen Leben. Wir können daher voraussetzen, dass die Religion für die Minoerinnen eine andere Bedeutung hatte und andere Funktionen erfüllte als für die Athenerinnen des 5. Jahrhunderts. Alles deutet darauf hin, dass die Minoerinnen im Rahmen ihrer Religionsausübung vor allem der Natur huldigten und hofften, sie im Hinblick auf ihre Bedürfnisse gnädig zu stimmen. Schon eine solche Grundeinstellung, die sich in ihrem gesamten ästhetischen Schaffen widerspiegelt, unterscheidet diese Zivilisation prägnant von der jüngeren athenischen, die ganz im Zeichen eines Gegensatzes und Konflikts zwischen Natur und Kultur steht. Dieser Konflikt ist wesentlicher Bestandteil der klassisch-griechischen negativen Anschauungen über Weiblichkeit, die ideologisch der zu bekämpfenden oder mindestens zu bändigenden Natur zugeordnet wurde. Die Minoer hingegen verehrten die Natur und verdankten ihr die gesamte kulturelle Inspiration. Frauen dienten vor allem verschiedenen Göttinnen, wobei nicht ganz ganz klar ist, ob ihnen irgendwann ein einheitliches Prinzip zugrunde gelegt wurde, sodass man für Kreta von einem »weiblichen Monotheismus« sprechen könnte. Gegen diese Interpretation spricht, dass auch männliche Götter verehrt wurden, die zwar der aus dem Alten Orient bekannten Attribute für allesbeherrschende Himmelsgötter entbehrten, die aber auch nicht den minoischen Göttinnen eindeutig untergeordnet waren.

Beim derzeitigen Stand der Forschungsdiskussion, die gerade auf feministischer Seite sehr kontrovers geführt wird, ist es am unverfänglichsten, als Mittelpunkt der minoischen Religion die Natur in allen ihren Erscheinungsformen zu sehen. Unbedingt sollte man dabei aber die aus späteren Zeiten stammende antagonistische Anschauung vermeiden, Natur in einem Gegensatz zu Kultur zu definieren. In der und durch die Natur offenbaren sich den Minoern die Gottheiten, männliche wie weibliche. Es gibt viele Anzeichen dafür, dass es zu den wichtigsten Funktionen von Priesterinnen wie Priestern gehörte, im Kult Göttinnen und Götter zu personifizieren. So ist es besonders bei den Siegelbildern ausgesprochen schwierig, Priesterinnen und Göttinnen voneinander zu unterscheiden. Dies verweist auf eine weitere wichtige Differenz zwischen minoischer und späterer griechischer Religiosität, denn in letzterer werden göttliche und menschliche Sphäre klar voneinander getrennt. Für unsere Fragestellung ist dies insofern von Bedeutung, als die minoische Frau sich mit einer oder mehreren Göttinnen identifizieren und rituell ihre Rolle einnehmen konnte, was für die Griechinnen nur in den allerwenigsten Kulthandlungen – und zwar solchen, die Trauer oder Bedrohung der Göttin/Heroine/Frau thematisierten – möglich war.

Zu den auffallendsten Resten minoischer Religion gehören Grabanlagen. In der frühesten Zeit – vor dem Bau der so genannten Paläste (von denen heute manche Forscher annehmen, es handele sich eigentlich um Tempel) um 2000 v. Chr. – muss die Ehrung der Toten eine überaus wichtige Rolle gespielt haben. Die Grabbeigaben und das schiere Ausmaß der Anlagen machen deutlich, dass hier nicht nur aufwendige Begräbniszeremonien stattfanden, sondern ein tatsächlicher Kult der Toten, möglicherweise in Verbindung mit Jahreszeitenfesten und anderen religiösen Ritualen. Eine so beträchtliche Zahl von Menschen muss sich an den Gräbern versammelt haben, dass die Annahme berechtigt erscheint, dass auf den Friedhöfen gesamtgemeinschaftliche Zusammenkünfte mit religiös-ritueller Ausrichtung stattgefunden haben.

Die britische Archäologin Lucy Goodison (1989) ist in ihrer archäologischen Studie zur Religion der frühen ägäischen Welt zu der Auffassung gelangt, dass in ihr – wie übrigens in weiten Teilen des Alten Europa – ein Sonnenkult von zentraler Bedeutung war. Auch die Sonne ist allem Anschein nach auf den griechischen Inseln hauptsächlich von Frauen verehrt worden, und vereinzelte Zeugnisse, die eine Beziehung zwischen Sonne und Vulva herstellen (mehr dazu in Kapitel 4), lassen erkennen, dass dieser Himmelskörper selbst durch die frühen Bewohner der Ägäis als weiblich interpretiert wurde. Die fortwährend in Auf- und Niedergang begriffene Sonne war vielen alten Kulturen das schlechthinnige Symbol, das heißt sichtbarster Ausdruck der sich in Kreisläufen vollziehenden Naturprozesse. Sie brachte und gewährleistete das Leben, aber führte auch zum Tod und dann wieder über ihn hinaus zu neuem Leben. In der griechischen Religion gibt es viele Hinweise darauf, dass dieselbe, äußerst komplexe Bildhaftigkeit dem weiblichen Geschlecht unterlegt wurde. Daneben entwickelte sich allerdings wohl schon in der mykenischen, besonders aber seit der archaischen Epoche eine Weltsicht, die die fundamentalen Lebensprozesse nicht mehr in ihrer Kreisläufigkeit wahrnahm, sondern sie in binäre Oppositionen zerlegte. Leben und Tod wurden nicht mehr als einander bedingend und ineinander übergehend betrachtet, sondern als voneinander unabhängige Gegensätze. Während also in der minoischen Religion die Sonne mit Leben und Tod gleichzeitig verbunden werden konnte, repräsentierte sie in späterer Zeit nur ein unveränderlich lichtes, strahlendes Lebensprinzip. Dem Tod hingegen unterlegten die Griechen ein besonders grausiges Antlitz und personifizierten ihn ausschließlich in Gestalten außerolympischer Gottheiten. Die meisten von ihnen waren weiblich.

Angesichts der Tatsache, dass der bekannte griechische Sonnengott Helios eindeutig eine männliche Gestalt ist, mag die Vorstellung von einer weiblichen Sonne in der früheren Religion des ägäischen Raumes befremdlich erscheinen. Allerdings fehlen für Helios vorhomerische Belege, und die spätere griechische Mythologie kennt zwei mächtige mit der Sonne verbundene Zauberinnen, die vormals Sonnengöttinnen gewesen sein könnten: Kirke und ihre Nichte Medea, von der noch die Rede sein wird (siehe Kapitel 6). Eng mit der Sonne verbunden waren auch Frauen der sagenhaften kretischen Königsfamilie: Pasiphae (»die Allscheinende«), Minos' Gattin und Kirkes Schwester, und ihre

Tochter Phädra (»die Strahlende«). Pasiphae und Kirke galten in der griechischen Mythologie als Töchter des Helios. Hesiod nennt als Eltern des Sonnengottes Helios die Titanen Hyperion (»Oben-Wandelnd«) und Theia, deren Name einfach »die Göttliche« bedeutet. Möglicherweise verbirgt sich hinter ihr die Gestalt einer alten Sonnengöttin, deren Gefährte der königliche Stier war. Bei einer solchen Konstellation fühlt man sich an die Königsideologie der Alten Ägypter erinnert, nach der der Pharao in Stiergestalt auf seiner Sonnenbarke von Osten nach Westen über den Himmel fuhr. In Ägypten wurde die Sonne als männlich angesehen und mit dem Pharao identifiziert, dagegen wurde die Himmelsgöttin stets als weiblich vorgestellt. Wenn die Athener den kretischen Stier als Ungeheuer zeichneten, das ihre Kinder fraß, so ist dies sicher als Ausdruck der für sie nachteiligen Machtverhältnisse in der alten Mittelmeerwelt zu werten. Mythologie und Religion spiegeln die politischen Wandlungsprozesse, die sich hier über viele Jahrhunderte vollzogen, während die indoeuropäischen Griechen auf den ägäischen Inseln heimisch wurden. Goodison analysiert in ihrer Arbeit eine Reihe von bildlichen Zeugnissen aus der mittleren Palastzeit Kretas, die einen langsamen Übergang weiblicher Sonnensymbolik zu einer männlichen erkennen lassen. Parallel zu dieser Veränderung, deren gesellschaftliche Hintergründe wir nur erahnen können, trat ein männlicher Vegetationsgott in der ägäischen Religion auf den Plan und ersetzte auf Darstellungen die Pflanzen selber. Die die Fruchtbarkeit durch Trankopfer unterstützenden Libationsgefäße, manchmal in Form von weiblichen Figuren, wurden seit derselben Zeit mit grotesken, furchterregenden Zügen ausgestattet, was auf eine Abdrängung und Reduzierung des Weiblichen auf den Unterweltsbereich schließen lässt, wo es seit der archaischen Epoche eine prominente Rolle spielen sollte. Auch der griechische Gott Apoll hat seinen Sonnenaspekt und das Epitheton »Phoibos« (in latinisierter Form »Phoebus«, »Leuchtender«) von einer weiblichen Gestalt übernommen, nämlich von Phoibe, die in der klassischen Mythologie als Titanin und Schwester der Theia erscheint. Sie war die frühere Orakelgöttin von Delphi. Eine Enkelin der Phoibe und Tochter ihrer Tochter Asteria war Hekate, die machtvolle Göttin der drei Bereiche Himmel, Erde und Meer, der sogar Zeus Respekt zollte.

So wenig wir über die Rolle des weiblichen Elements in der minoischen Religion immer noch wissen, besonders über die Umstände der Veränderung, die sie im Laufe ihrer zweitausendjährigen Geschichte durchlaufen haben muss, scheint mir eine Beobachtung ganz besonders wichtig, nämlich dass die Erscheinungsformen und Funktionsbereiche des Weiblichen vielfältig waren. Über diese grundsätzliche Feststellung hinausgehend hat Christos Doumas (1996) im Rahmen seiner Vorstellung der Wandmalereien von der Insel Thera die Frage aufgeworfen, ob es tatsächlich so eindeutig sei, dass sie Kultszenen darstellten. Wäre dies nicht der Fall, so würden auch die vielen Szenen, in denen Frauen und Mädchen dargestellt sind, in ein anderes Licht gerückt. Die minoische Kultur wurde bislang als eine ganz und gar von der Religion beherrschte interpretiert. Mit einer sich darin andeutenden unterschwelligen Einsetzung des neuzeitlichen Begriffspaares sakral – profan und der versuchten Ordnung einer Zivilisation nach diesen Kriterien werden falsche Akzente gesetzt. Noch weniger als der Antagonismus Natur–Kultur ist der Gegensatz sakral–profan im Bewusstsein der alten Völker vorhanden gewesen. Lucy Goodison (1998) hat in einem neueren Aufsatz zu einem der akrotirischen Wandbilder die Überlegungen von Doumas in eine etwas andere Richtung gelenkt. Das betreffende Gemälde zeigt eine exponierte Frauengestalt auf einem Sockel sitzend.

Wandbild auf Thera

Sie empfängt eine Gabe von einem affengestaltigen Kultdiener, während von rechts und links Frauen Gefäße herantragen, die, wie aus den über das Bild verteilten Krokussen zu schließen, Safran enthalten. Der rituelle, also »sakrale« Charakter der Szene gilt als unstrittig; Goodison hat jedoch darauf hingewiesen, dass der Safran für den mittelmeerischen Raum auch eine große wirtschaftliche Bedeutung besaß. Damit enthält die »Sakralhandlung« durchaus auch ein »profanes« Element. Dieser konkrete Hinweis lässt vermuten, dass in der minoischen Kultur Religionsausübung auch sonst

nicht von anderen Belangen des täglichen Lebens ge-
schieden wurde; und wenn es sich so verhielt, bedeutete die Prominenz der Frau in der Religion automatisch
ihre Prominenz in den anderen bzw. nicht-anderen Bereichen des täglichen Lebens.

So wie Natur und Kultur, Heiliges und Profanes, Leben
und Tod im Denken der Minoer nicht streng voneinander getrennt wurden, sondern nebeneinander her und
ineinander überliefen, so könnten in der Alten Ägäis
auch Weibliches und Männliches eine viel stärkere Ein-
heit gebildet haben, als uns dies heute nach zweiein-
halb Jahrtausenden patriarchaler Ordnung und Ideologie vorstellbar ist.

Dass Frauen und Göttinnen von Kreta und Thera nirgendwo erkennbar als Mütter dargestellt sind, wurde
bereits erwähnt. Hinzu kommt, dass die Jünglinge der
minoischen Kunst ebenso wie die Frauen ausgesprochen anmutige Züge tragen. Einen vollends androgy-
nen Eindruck machen die altkykladischen Figuren aus
dem dritten vorchristlichen Jahrtausend. Wie im ganzen neolithischen Europa erscheinen auch auf den Kykladen die Figürchen, unter denen die weiblich-anthro-
pomorphen überwiegen, im archäologischen Kontext
eines nicht näher bestimmbaren Totenkults, der von
den einzelnen Haushalten ausgeübt worden zu sein
scheint. Seine Bedeutung ist ungeklärt. Die frauenge-
staltigen Figurinen sind oft mit dem Kult einer Erd-
oder Fruchtbarkeitsgöttin in Verbindung gebracht worden; neuere Forschungen betonen jedoch, dass es völlig
unklar ist, wen sie repräsentieren sollen und wer sie zu
welchem Zweck hergestellt hat. Die Religion des neolithischen griechischen Festlandes wie der Inseln liegt

für uns fast völlig im Dunkeln. Auf den Kykladen erscheinen dann seit der frühen Bronzezeit die sich von den breithüftigen und großbrüstigen Figurinen des Neolithikums grundlegend unterscheidenden Statuetten mit ihrem völlig eigenen ägäischen Stil; und auf Kreta entfaltete sich die minoische Kultur. Andere Funde, wie insbesondere einige Silberdiademe aus Syros mit Tanzszenen sehr wahrscheinlich kultischen Charakters lassen darauf schließen, dass die Religion der Kykladen von Anfang an, also auch vor der archäologisch feststellbaren gegenseitigen Beeinflussung, der des Alten Kreta sehr ähnlich war.

Silberdiademe aus Syros: Kultische Tanzszenen

Seit dem 16. Jahrhundert v. Chr. wurde die minoische Zivilisation in zunehmendem Maße vom Festland her durch die mykenische überlagert. Die Religion der mykenischen Epoche war laut einem der besten Kenner dieser Zeit, John Chadwick (1979), durch eine Verschmelzung dreier Elemente gekennzeichnet: des »griechischen«, das die indoeuropäischen Einwanderer mitbrachten, des minoischen und des »chthonischen«, das von Chadwick und anderen den vorindoeuropäischen Bewohnern des griechischen Festlandes zugeschrieben wird, ohne dass eindeutige Nachweise für entsprechende Gottheiten bei letzteren erbracht werden können.

Eindeutig ist noch aus der Überlieferung der archaischen Epoche zu erkennen, dass der sogenannte chthonische Bereich durch überwiegend weiblich vorgestellte Gottheiten repräsentiert wird. Daraus ist jedoch weder ihre Verbundenheit mit spezifisch weiblichen Kulten ohne weiteres abzuleiten, noch werden Aufschlüsse über die Situation der mykenischen Frauen gegeben.

Auch greift die Bezeichnung »chthonisch«, die sich für besonders urtümlich erscheinende Göttinnen und Götter eingebürgert hat, überhaupt viel zu kurz, denn keineswegs personifizieren alle von ihnen das Element Erde. Eine große Zahl war mit dem Wasser verbunden, was uns an die ehemalige Vorherrschaft Poseidons im ägäischen Raum erinnert, die ihm von Zeus erst mühsam abgerungen werden musste (siehe Kapitel 3). Ferner stellten die alten Göttinnen und Götter über die Phänomene der natürlichen Erscheinungswelt hinausgehend auch bereits abstrakte Prinzipien dar, wie das Schicksal (Moiren), die Prinzipien der Sozialordnung (Themis und die Horen) sowie die Rache für den Verstoß gegen letztere (Erinnyen). Vieles deutet klar darauf hin, dass der chthonische mit anderen Bereichen verbunden war, nicht abgetrennt wie später in klassischer Zeit. Eine Trennung zwischen »chthonischen« und »Hoch«göttern wird der Geisteshaltung der altägäischen Religion und Kultur nicht gerecht.

So wenig die Befunde der Archäologie gesicherte Aussagen über die mykenische Kultur ermöglichen, so deutlich lassen die Homerischen Epen sie als untrennbaren Bestandteil der griechischen Sinngeschichte erschei-

nen; insofern muss sie auch für die Wahrnehmung der
Frau auf dem Festland von Bedeutung sein. Sehr wahr-
scheinlich entwerfen die Heroengeschichten Homers
ein idealisiertes Gegenbild zu den griechischen *Dark
Ages*, das authentische Erinnerungen an die Sozialordnung und Kultur der mykenischen Zeit enthält, gleichwohl aber auch die völlig anders geartete Ideologie der
Polisgesellschaft mit vorbereitet. Mit der homerischen
Religion dürfte es sich um ein weitgehend literarisches
Konstrukt handeln, das mit der gelebten Realität nicht
viel zu tun hatte. Der Dichter vollzog einen bewussten
Ausleseprozess, der die Vielfalt des griechischen Poly-
theismus neu ordnete und auf eine ganz bestimmte
Weise interpretierte. Damit schuf er eine Kunstreligion,
die nach Bruno Snell (1986) ein entscheidender Bestandteil der griechischen Aufklärung war; sie wird von
der Nachwelt bis heute sehr bewundert. Snell definierte diese Aufklärung als Überwindung der Angst vor dem
Unheimlich-Numinosen. Da er beobachtete, dass das
Unheilvolle, Grausame und Schicksalsmächtige vor und
nach Homer, das heißt auch und gerade auf dem Höhepunkt der klassischen Epoche, in der griechischen Kultur eine wesentliche Rolle spielt, sah Snell bei Homer
die griechische Aufklärung in ihrer reinsten Ausprä-
gung entfaltet. Homer verlieh den griechischen Göttergestalten jene idealisierte Form, die für die gesamte antike Kunst Vorbildfunktion besaß. Bruno Snell hat
dabei gesehen, dass die griechische Religion von der
homerischen Vorstellungswelt nur oberflächlich berührt
worden ist. Hier wie auch in der nachhomerischen Literatur, insbesondere in der attischen Tragödie, brachen
sich andere Kräfte Bahn, die geradezu beherrscht wurden von Angst und Irrationalität. Damit stellt sich die

Frage, ob die Überwindung des Unheimlichen und die Ästhetisierung des Göttlichen, die Snell am Werk Homers herausgestellt hat, nicht vielmehr eine Verdrängung darstellt, die im weiteren Verlauf der griechischen Kulturgeschichte obsessive Züge annahm. Das Unheimliche wurde vornehmlich im Bereich der Religion angesiedelt, die eine spezielle Domäne der griechischen Frauen darstellte. Zusammenhänge zwischen der Stigmatisierung der Frauen und der Verengung des religiösen Raumes bei Homer sind also naheliegend. Wir werden sehen, dass ein Gott von den griechischen Frauen in besonderer Weise verehrt wurde, den Homer noch nicht einmal erwähnt, nämlich Dionysos. Die sich in archaischer Zeit mit ihm verbindende ekstatische Frauenreligiosität, von der Elemente bereits in den minoisch-mykenischen Siegelbildern greifbar sind, bekam ihre düsteren, gewalttätigen und verzweifelten Züge wahrscheinlich erst in der Polisgesellschaft; die minoischen Tänzerinnen machen zwar einen entrückten, immer aber einen heiteren und gelösten Eindruck. So wie der Dionysoskult lässt sich eine ganze Anzahl von Frauenriten, die im Folgenden zur Sprache kommen werden, in die Epoche vor den *Dark Ages* zurückverfolgen. Die Formen weiblicher Religiosität brauchen sich von der minoischen zur klassischen Zeit Griechenlands nicht sehr geändert zu haben, wesentlich war eine grundlegend verschiedene gesellschaftliche Einstellung zu ihnen. Unser Kronzeuge für die bürgerlich-klassische Gesinnung, ihre Frauenfeindlichkeit eingeschlossen, ist der Schriftsteller Hesiod, der um 700 v. Chr. in Akra in Böotien lebte. Seine Werke geben uns ein plastisches Bild der ideologischen Verhältnisse zu Beginn der archaischen Epoche. Während die homerische Gedankenwelt sich noch an Strukturen orientierte, deren Mittelpunkt die Sippe war, ist bei Hesiod die Kleinfamilie maßgeblich geworden. Diese Veränderung bedeutete für die Frauen eine stärkere Abhängigkeit von ihren Ehemännern, die jetzt nicht mehr auf der Suche nach Ruhm und Ehre ein unstetes Leben als Kriegerhelden führten, sondern ihren Tätigkeitsbereich in der Polis fanden und über ihre Haushalte (*oikoi*) mit strengem Regiment geboten. In der mykenischen Zeit, der das Werk Homers verbunden ist, gab es sowohl matrilokale als auch patrilokale Regelungen der Familienverhältnisse, die sich jeweils danach richteten, ob ein Mann nahe seinem Herkunftsort heiratete oder in weiter Entfernung, wo der Sitz des Clans seiner Ehefrau ihn aufnahm. Wenn der Mykener sich diesem anschloss, bedeutete das nicht, dass er nicht auch mit außerehelichen Geliebten legitime Erben zeugen konnte. In der Bürgergesellschaft der klassischen Polis war dies nicht mehr möglich, und genau darin liegt der Grund für die rigiden Kontrollen, denen die Frauen hier unterworfen waren. Bei Hesiod wird die die ideologische Polarisierung zwischen Mann und Frau, bzw. zwischen Männlichem und Weiblichem, die dann besonders für die athenische Gesellschaft und Kultur charakteristisch wurde, erstmals greifbar. Sie ist ein wesentliches Element seiner Interpretation der Götter- und Weltordnung, die seine beiden epischen Werke *Theogonie* und *Werke und Tage* beschreiben.

Parallel zur Herausbildung der Polis-Ideologie, an der Hesiod mit seinem Werk entscheidenden Anteil hat, fanden im 6. Jahrhundert in Griechenland sehr wichtige religionsgeschichtliche Veränderungen statt. Es war die Zeit der umherwandernden Schamanen, die den hyperboreischen Apoll verehrten und in seinem Namen Wunder wirkten. Neben uns namentlich bekannten Männern, wie Pythagoras oder Melampus, waren in dieser Epoche religiöser Umbrüche auch Frauen aktiv, z. B. die legendären Sibyllen, ekstatische Seherinnen und Weissagerinnen. Über ihre Prophezeihungen ist im Einzelnen wenig bekannt, weil die frühesten Sprüche, die eine bis in christliche Zeit fortdauernde Tradition begründeten, nicht überliefert sind. Es kann jedoch als sicher gelten, dass die Sibyllen eine vor allem im Zeichen des Apoll stehende Reorganisation des Kultlebens in Griechenland regelten. Als Sprachrohr Apollons spielten ekstatische Frauen, wie wir insbesondere am Beispiel der delphischen Pythia sehen werden, noch in klassischer Zeit eine wichtige Rolle. Ferner verband sich mit ihnen, wie in Kapitel 8 zu schildern sein wird, die Durchsetzung der Dionysos-Verehrung auf dem griechischen Festland, die sehr wahrscheinlich keine Neu-, sondern eine Wiedereinführung war, nachdem der anarchische Kult dieses Gottes zwischenzeitlich unterdrückt worden war.

Zeus und die älteren Göttinnen

Zeus ist in Griechenland ein junger Gott, der mit den indoeuropäischen Stämmen aus dem Nordwesten gekommen war und sich einen Platz in der vorgefundenen religiösen Szenerie erst noch erobern musste. In seiner Frühzeit wurde er nur im Freien verehrt, und noch den homerischen Helden mutete sein Kult fast fremdartig an, wie eine Stelle in der *Ilias* belegt:

■ Zeus, Herr von Dodona! Pelasgier! ferne wohnend!
Der du in Dodona wohnst, der
                schlimmumstürmten, und rings wohnen
Die Sellen, deine Ausdeuter, mit ungewaschenen
                Füßen, am Boden lagernd.
(16. Gesang, 233 ff.; Übersetzung von Wolfgang Schadewaldt)

Die heutige Ruinenstätte Dodona liegt westlich des Epirus-Gebirges und blieb von der minoisch-mykenischen Kultur unberührt, das heißt, die Kultur der indoeuropäischen Einwanderer konnte sich hier lange Zeit unvermischt erhalten. Zeus besaß in Dodona eine heilige Eiche, wo er sich, wie die Homer-Stelle bezeugt, seinen Sehern kund tat. Der Zeus-Tempel in Olympia (Peloponnes) entstand erst um die Mitte des 5. vorchristlichen Jahrhunderts, erheblich später als die Bauten für andere olympische Gottheiten, wie vor allem für Hera und Apollon.

Zeus ist eine Himmelsgottheit; sein wichtigstes Attribut ist der regenbringende Donner. Mit dem Götterberg Olymp in Thessalien wurde er erst sehr spät assoziiert. (In ganz Griechenland gab es übrigens viele Berge desselben Namens; möglicherweise heißt das Wort *olympos* selbst einfach »Berg« oder »Hügel«). An dem Hügel der Stadt Olympia, vor dem der Zeus-Tempel errichtet wurde, verehrte die Bevölkerung ursprünglich den Berggott Kronos oder Kronion, in der späteren mythischen Überlieferung Zeus' Vater. Während Kronos in den von Hesiod dargebotenen Stücken der Göttermythologie eine ausgesprochen negative Figur ist, »krummgesinnt« und fürchterlichstes Kind seines Vaters Okeanos, den er gehasst habe, muss er in der vorgriechischen Religion sehr verehrt worden sein. Hesiod hat dies noch gewusst, denn in *Werke und Tage* nimmt er auf eine Überlieferung Bezug, nach der Kronos der Herrscher des Goldenen Zeitalters war und demnach ein so schrecklicher Gott, wie die *Theogonie* es glauben machen will, nicht gewesen sein kann. Obendrein wurde Kronos noch von den Griechen als Herr der Inseln der Seligen im westlichen Meer angesehen, wo Fruchtbarkeit und Wohlstand gediehen, weil dreimal im Jahr besonders gute Ernten eingebracht werden konnten. In den *Orphischen Hymnen* (154) findet sich eine Überlieferung, nach der Kronos von Zeus gefesselt wurde, als er sich am Honig, der im Goldenen Zeitalter aus den Bäumen geflossen sein soll, berauscht hatte und eingeschlafen war. Zeus brachte ihn auf die Seligen Inseln, wo er ihm seine Fesseln wieder löste. So konnte der Sieg des Sohnes über den Vater also auch als Beendigung des Goldenen Zeitalters auf der Erde interpretiert werden.

Hesiod erzählt jedoch in der *Theogonie* eine andere

Geschichte: Da Kronos seine Entmachtung durch eines seiner Kinder fürchtete, fraß er sie sofort nach der Geburt auf, um sie unschädlich zu machen. Nur Zeus, das jüngste der Kinder, wurde von seiner Mutter Rhea, die unter der Situation litt, in einer Höhle des kretischen Ida-Gebirges vor ihm verborgen und von Kureten (kretischen Berg- oder Erdgeistern) und Nymphen großgezogen. Als er herangewachsen war, beschloss er, Kronos zu stürzen. Er gewann die Titanin Metis, seine erste Gemahlin, dafür, in ein Getränk seines Vaters ein Brechmittel zu schütten, woraufhin dieser die verschlungenen Kinder wieder von sich gab. Dann begann die zehnjährige Titanenschlacht, aus der Zeus als Sieger hervorging und die Welt neu ordnete.

Historisch besehen scheint der Hauptgegner des Zeus allerdings nicht Kronos, der Herr des friedlichen und glücklichen Goldenen Zeitalters, gewesen zu sein, sondern vielmehr Poseidon, nach der *Theogonie* sein älterer Bruder. Poseidon war eine der mächtigsten Gottheiten der Alten Ägäis; er wohnte in einem Palast im sagenhaften Aigai, woher das östliche Mittelmeer seinen Namen erhielt. Sein Element war das Meer, weshalb man ihn aber nicht ausschließlich als Wassergott sehen darf, wie die jüngere Interpretation es nahelegen möchte. Nach griechischer Vorstellung wurde die Erde vom Meer getragen. So besaß Poseidon auch in Böotien uralte Kultstätten. Seine enge Verbindung zum Stier, der sein bevorzugtes Opfertier war, macht es wahrscheinlich, dass hinter dem geheimnisvollen minoischen Stierkult die alte ägäische Gottheit Poseidon gestanden hat. Die *Ilias* bewahrt eine Erinnerung daran, dass Poseidon die Überlegenheit des Zeus nur widerwillig anerkannte: Der fünfzehnte Gesang wird mit einer Szene eröffnet, in der Zeus die Götterbotin Iris zu Poseidon schickt mit dem Befehl, sich aus dem Kampfgeschehen, in dem dieser unerbittlich auf der Seite der griechischen Achäer mitkämpfte, zurückzuziehen. Poseidon grollte mit den Worten:

■ Da hat er (Zeus), so mächtig er ist, überheblich
                    gesprochen.
  Wenn er mich, den an Ehre Gleichen, gegen meinen
                Willen mit Gewalt will niederhalten!

Er machte geltend, dass Zeus mehr Macht beanspuchte, als ihm von Rechts wegen zustand:

■ Denn drei Brüder sind wir von Kronos her, die Rheia
                     geboren:
  Zeus und ich und als dritter Hades, der über die
                unteren Herr ist.
  Dreifach ist alles geteilt, und jeder erhielt seinen Teil
                an Ehre.
  Ja, da erlangte ich, das graue Meer zu bewohnen
                immer,
  Als wir losten, und Hades erlangte das neblige
                Dunkel (die Unterwelt),
  Zeus aber erlangte den Himmel, den breiten, in
                Äther und Wolken.
  Die Erde aber ist noch allen gemeinsam und der
                große Olympos.
  So lebe ich auch durchaus nicht nach dem Sinn des
                Zeus, sondern ungestört,
  Und ist er auch ein Starker, soll er bleiben in seinem
  Drittteil!   (Fünfzehnter Gesang, 185-195)

Schließlich fügt sich Poseidon in das Unvermeidliche und zieht sich ins Meer zurück, nicht ohne Zeus davor zu warnen, seinerseits zugunsten der Trojaner einzugreifen. Es bleibt dabei offen, wodurch die Herrschaft des Zeus eigentlich legitimiert ist; Poseidon empfindet sie deutlich als ein Unrecht, er entschließt sich am Ende, von der wortgewandten Botin Iris ein wenig besänftigt, lediglich aus diplomatischen Erwägungen zur Mäßigung.

Vor dem Hintergrund dieser Episode erscheint es geradezu als eine Provokation, dass Homer Zeus regelmäßig mit dem Attribut »Herr der Aigis« belegt – es ist der Titel des Poseidon.

Die unterschwellige Rivalität der beiden Brüder Poseidon und Zeus kommt auch in ihren Verbindungen mit zwei Göttinnen zum Ausdruck. So wird in unterschiedlichen Überlieferungen mal der eine, mal der andere als Vater Persephones, der Tochter der Korngöttin Demeter, genannt. Beide warben auch um die Gunst der schönen Nereïde Thetis, bis Zeus durch ein Orakel erfuhr, dass ihre Vereinigung mit einem Gott einen Sohn hervorbrächte, durch den er, Zeus, entmachtet werden würde. Daraufhin verheiratete Zeus Thetis mit dem sterblichen König Peleus von Pthia. Auf der Hochzeitsfeier von Thetis und Peleus ereignete sich dann die berühmte Szene, während der der trojanische Königssohn Paris den Schönheitswettbewerb zwischen Hera, Athene und Aphrodite entscheiden sollte und Aphrodite als Preis einen goldenen Apfel überreichte. Mit Aphrodites Hilfe entführte Paris etwas später die schöne Helena, Gattin des Königs Menelaos von Sparta. Menelaos sammelte Verbündete in Griechenland, die unter

Führung seines Bruders Agamemnon zum Krieg gegen Troja aufbrachen, den die Griechen erst nach neun Jahren vergeblichen Kampfes dank einer List des Odysseus für sich entscheiden konnten. Achill, der Held der *Ilias*, galt als Sohn von Thetis und Peleus. Weil Thetis ihn als kleines Kind in den Unterweltsfluss Styx getaucht hatte, war er nur an der Ferse verwundbar, an der ihn seine Mutter festgehalten hatte und wo ihn während der Kämpfe schließlich ein Pfeil des Paris traf.

Wie erwähnt, stand Poseidon im Trojanischen Krieg fest auf der Seite der Achäer gegen die Trojaner und drohte durch seine kraftvolle Unterstützung das Geschehen zu Gunsten der Griechen zu beeinflussen. Aus diesem Grund rief Zeus ihn zurück. Obwohl Zeus in der Frühzeit nachweislich ein Kriegsgott gewesen war, weist Homer ihm als oberstem Gott die Rolle eines unparteilichen Schiedsrichters zu, in dessen Händen die Schicksalswaage lag, auf der allen Menschen ihr Anteil zugemessen wurde. Dieses Bild des gerechten Göttervaters erscheint als ein im wesentlichen Homer zuzuschreibender Entwurf, der sich mit anderen mythologischen Überlieferungen schwer in Einklang bringen lässt. Als eigentlich junger Gott, der, wie die *Theogonie* es beschreibt, seine Macht als kampflustiger Bezwinger seines Vaters Kronos erlangte, wurde Zeus unausweichlich immer wieder mit Mächten konfrontiert, die weit älter waren als er und über die er nur eine scheinbare Kontrolle besaß.

Anhand der *Theogonie* Hesiods wird deutlich, dass die alten, vorolympischen Gottheiten männlich-weibliche Paare bilden. Diese sind entweder einem gemeinsamen Element zugeordnet, wie etwa Okeanos und Thetys (die Mutter von Thetis) dem Meer, oder sie komplementieren sich wie Uranos und Gaia (Himmel und Erde). Ein in Pylos gefundenes Linear-B-Täfelchen zeigt, dass auch Poseidon noch in mykenischer Zeit wie die Titanen ein weibliches Pendant hatte, nämlich die Göttin Posidaeja. Später wurde die Okeanos-Tochter Amphitrite mit ihm verbunden.

Der neue Gott Zeus ging, was seine Beteiligung an Attributen seiner Partnerinnen betrifft, einen anderen Weg: mit verschiedenen Titaninnen zeugt er Kinder, die dann die Qualitäten ihrer Mutter unter seinen Einfluss stellten. Ein anschauliches Beispiel hierfür sind die griechischen Schicksalsgöttinnen, die Moiren, deren Rolle Homer durch das Attribut der Schicksalswaage für Zeus reklamiert hat. Eigentlich waren die Moiren Kinder der Nacht (Nyx), die nach den Orphikern die erste Göttin und das allererste existierende Wesen überhaupt war. Hesiod lässt etwas abweichend Nyx aus dem uranfänglichen Chaos hervorgehen. Mit der Nacht beginnen also die griechischen Schöpfungsmythen. Zu ihren Kindern, die sie ohne Einwirkung eines weiteren Wesens hervorbrachte, gehörten neben den Moiren, deren Zahl von zwei bis vier variiert, auch Thanatos (der Tod), Hypnos (der Schlaf), Ker (Verhängnis), die Oneiroi (Träume), Momos (Spott und Tadel), Nemesis (Vergeltung), Oizys (Jammer), Eris (Zwist), Geras (Alter) und weitere. Hesiod nennt auch Moros (Schicksal) als männliche Form von »moira«; anders als die weiblichen Moiren spielt diese Figur aber in der späteren Myhologie keine Rolle. Die Moiren besaßen in der griechischen Volksreligion einen eigenen Kult; sie repräsentierten eine Ordnung, die von Zeus bereits vorgefunden wurde und die er mit seiner Waage zwar anzeigen, aber nicht beeinflussen konnte. Dennoch fungiert »moira« bei Homer lediglich als Attribut des Zeus, wodurch dieser selbst zur Schicksalsgottheit avanciert. Hesiod zitiert in der *Theogonie* auch eine Tradition, nach der die mächtigen Moiren im Nachhinein zu Kindern des Zeus und der Göttin Themis gemacht wurden. Dies rückte den Herrscher des Olymp einerseits in größere Nähe zu ihnen, änderte andererseits aber nichts an ihrer grundsätzlich überlegenen Position, denn auch Themis war eine uralte Ordnungsgöttin; möglicherweise verkörperte sie einen Aspekt der Erdgöttin Ge oder Gaia, zu deren Tochter Hesiod sie erklärt. Themis, die »Feststehende«, repräsentiert die Regeln des Zusammenlebens für Menschen ebenso wie für Götter. Die Versuche griechischer Autoren, Zeus zum Ordnungshüter zu stilisieren, sind ein mühseliges Unterfangen, allein schon deswegen, weil der Gott selbst ständig gegen die Rechte, für die er doch einstehen sollte, frevelt. Dies gilt in erster Linie für den Ehebrecher Zeus; seinetwegen muss die betrogene Gemahlin Hera immer wieder bei Themis Rat einholen.

Nach der verschriftlichten klassischen Tradition errichtete Zeus die Kultur und moralische Ordnung, indem er die Moiren, Horen, Musen und Chariten zeugte. Sie alle haben Titaninnen oder noch ältere Wesen als Mütter und sind, wie an den Moiren bereits erläutert, deutlich als ältere Göttinnen erkennbar. Die Horen entstammten wie die Moiren nach Hesiod ebenso der Verbindung des Zeus mit Themis. Sie verkörpern die drei griechischen Jahreszeiten und gleichzeitig die ethischen bzw. rechtlichen Prinzipien »Gute Gesetzgebung« (Eunomia), »Weisung« (Dike) und »Frieden« (Eirene). Nach der Etymologie ihres Namens sind die Horen allerdings nicht mit Themis, sondern mit Hera verwandt, Zeus' späterer

Frau. Hera war auf dem griechischen Festland eine sehr alte Göttin und so mächtig, dass sie zur Olympierin und sogar zur Gattin des Zeus gemacht wurde. Sowohl in Argos, Heras bedeutendster Kultstätte, als auch in ihrem Tempel in Olympia trat die Göttin gemeinsam mit den Horen auf. Mit Hera hatte Zeus es schwer, aber die Horen konnte er sich unterordnen, indem er sie zu seinen Kindern machte. Damit, dass man ihr weitgehend die Mutterschaft absprach, wurde auch Hera zumindest ein Stück weit entmachtet (siehe dazu Kapitel 5).

Auch die drei Chariten (mit römischem Namen hießen sie Grazien), die Personifikationen von Anmut, Schönheit und Freundschaft, findet man häufig im Gefolge einer olympischen Göttin, nämlich der Aphrodite, die selbst viele Züge von ihnen übernommen hat. Sie personifizierten bereits für die vorgriechische Bevölkerung der ägäischen Inseln Reize, wie sie die griechische Göttin schmücken. Die literarische Überlieferung aber macht die Chariten zu Kindern der Titanin Eurynome, einer Tochter der beiden Urwesen Okeanos und Thethys, und wiederum des Zeus.

Eine weitere Titanin, Mnemosyne (Erinnerung) gebar als Töchter des Zeus die neun Musen, die Göttinnen aller schönen Künste und geistigen Beschäftigungen. Kalliope, die »Schönstimmige« stand für die epische Dichtung, Klio als »Ansehen«, »Ruf« für die Geschichte, Euterpe, deren Name »Frohsinn« bedeutet, für das Flötenspiel, Terpsichore (»Freude am Tanz«) für Chordichtung und Tanz, Erato allgemeiner für Tanz und Gesang, Melpomene (die »Singende« für die Tragödie, Thalia (»froher Mut«) für die Komödie, Polyhymnia (»viele

Lieder«) für die Pantomime und Urania (die »Himmlische«) für die Astronomie. Die Musen waren den Nymphen, den weiblichen Geistern in Wäldern und vor allem an Quellen, zum Verwechseln ähnlich; sie gehörten zum Gefolge der Göttin Artemis.

Wir stoßen hier auf ein grundsätzliches Problem der griechischen Mythologie, das das Verhältnis zwischen der olympischen Generation der Götter und ihren Vorläufern betrifft. Die feministische Forschung hat sich bisher hauptsächlich mit den olympischen Göttinnen beschäftigt, um Aufschlüsse über das Wesen der patriarchalen griechischen Religion zu erhalten (siehe dazu Kapitel 5). Die früheren Gottheiten, die durch die Herrschaft des Zeus zwar nicht verdrängt wurden, denen jedoch in der Literatur gegenüber den Olympierinnen und Olympiern ein erheblich geringerer Grad an Aufmerksamkeit zuteil wurde, können die historischen Konstellationen zusätzlich erhellen.

Mit den olympischen Göttern und Göttinnen hielten Persönlichkeiten in die religiöse Sphäre Einzug, die anthropomorph abgebildet bzw. gestaltet wurden und die sich in den mythischen Erzählungen wie Menschen verhielten. Das Einzige, was sie wirklich von den Menschen unterschied, war ihre Unsterblichkeit. Ansonsten standen die in der griechischen Literatur prominenten Gottheiten weder für natürliche, noch für moralische Prinzipien, sondern handelten gemäß ihrer individuellen Vorlieben und Abneigungen. Dagegen handelt es sich bei den älteren Göttinnen und Göttern meist um Repräsentanten von Naturkräften oder von Rechtsprinzipien. Andere personifizieren menschliche Eigenschaften oder Qualitäten, die im gesellschaftlichen Zusam-

menleben von Bedeutung sind. Damit unterscheidet
sich das Gottesverständnis Homers, für das die Olympier den Maßstab bilden, offenbar grundlegend von der
Art Religiosität, der die vorolympischen Gottheiten entstammen.

Robert Bellah (1964), ein bedeutender US-amerikani-
scher Religionstheoretiker, entwickelte in den 1960er
Jahren ein evolutives Modell der historischen Entwicklung von Religionen, das sich auf die griechischen Verhältnisse anwenden lässt. Nach Bellah entwickelt sich
Religion in fünf Stadien, von denen in unserem Zusammenhang die ersten drei von Belang sind. Bellah
nennt sie das »primitive« (»primitiv« ist eine eher unglückliche, dem Geist des 19. Jahrhunderts verhaftete
Bezeichnung, von Bellah aber nicht wertend gemeint),
das »archaische« und das »historische« Stadium. Er
versteht den Verlauf der Religionsgeschichte als einen
Prozess der Ausdifferenzierung des Ich- und Weltver-
ständnisses: »Primitive« Religionen gehen von einem
einzigen, einheitlichen Kosmos aus, sie trennen keine
»höhere«, göttliche Sphäre von den natürlichen Erscheinungen. Angestrebt werden die harmonische Ein-
bettung der Einzelpersonen und der Gesellschaft in dieses Ganze, die Versorgung mit bestimmten Gütern wie
Regen, reichen Ernten, Kindern oder Gesundheit soll
durch religiöse oder magische Handlungen aufrecht erhalten werden. Bestimmte Erfahrungen des »primitiven« Menschen werden zu Bildern geformt, die der
physikalischen Umwelt entnommen sind. Auf diese
Weise entstehen die Anfänge von Symbolsystemen,
durch die der Mensch sich in eine Beziehung zur
Außenwelt setzt bzw. einen Unterschied zwischen sich

selbst und einem Außen erst wahrzunehmen beginnt. Der Mensch sieht sich »Mächten« gegenüber, die von ihm selbst verschieden sind, aber auf ihn einwirken können und so bestimmte Gefühls- und Denkerfahrungen auslösen. Da der Seelenbegriff sich erst spät, in Griechenland etwa im 6. Jahrhundert v. Chr. ausbildet, werden zunächst alle Erfahrungen, die wir heute als unsere inneren beschreiben würden, nach außen verlagert und in Symbolen vergegenständlicht. Solchen Vorgängen entstammen offenbar die frühesten griechischen Gottheiten wie Nacht, Tod, Schlaf, Ozean, Erde usw. Im »archaischen« Stadium der Religion gewinnen derartige Wesen immer schärfere eigene Konturen, werden komplexer und zu willentlichen Handlungsträgern. Sie selbst fangen an, sich von der den Menschen umgebenden natürlich-kreatürlichen Erscheinungswelt abzulösen. So bricht nach dem Dualimus von Ich und Welt schließlich im »historischen« Stadium ein Dualismus zwischen Gott und Welt auf, der sich beim homerischen Zeus abzuzeichnen beginnt. Homer verleiht Zeus, der sich sonst in der griechischen Mythologie ganz in weltliches Treiben verstrickt, Züge eines überweltlichen Hochgottes. Er versucht auch, die Tendenz des archaisch-mythischen Denkens, die Werkzeuge des Zeus und zu seiner Weltordnung gehörige Errungenschaften als eigene Wesenheiten personifiziert, zu unterbinden, indem er z. B. »moira« nur noch als sein Attribut bestehen lässt. Dennoch, und wie angesichts der Langwierigkeit solcher historischer Bewusstseinsprozesse nicht weiter verwunderlich, blieb das mythische Welt- und Götterbild weithin vorherrschend. Nur die Religionskritik einiger griechischer Philosophen bildete hier eine Ausnahme.

Es fällt bei der Göttersystematik Hesiods jedoch auf, dass in der Frühzeit bis hin zur Generation der Titanen Personifizierungen menschlicher Wahrnehmungen und Erfahrungen sowohl Götter als auch Göttinnen sein konnten oder sogar männlich-weibliche Pendants bildeten wie die bereits erwähnten alten Wassergottheiten Okeanos und Thethys. Eros, der von den Orphikern und von Hesiod übereinstimmend als eines der frühesten Wesen der griechischen Mythologie angesehen wird, war männlich. Die jüngeren Personifizierungen dagegen und insbesondere die im Gefolge des Zeus auftretenden waren allesamt weiblich.

Der Übergang von der »archaischen« zur »historischen« Phase einer Religion ist durch die zunehmende Transzendenz der göttlichen Welt gekennzeichnet. Bellah hatte dabei insbesondere die monotheistischen Religionen im Auge. Transzendenz geht einher mit Abstraktion, d. h. mit der Ablösung von Bildern, die der weltlichen Erfahrung entnommen sind. Alle Versuche, eine solche Ablösung konsequent durchzuführen, haben nichts daran geändert, dass zumindest die orthodoxen Ausprägungen von Judentum, Christentum und Islam sich immer einen männlichen Gott als Einzigen vorgestellt haben, während weibliche Göttinnen seit alttestamentlichen Zeiten vehement bekämpft wurden. Dies legt den Schluss nahe, dass sich Männlichkeit mit dem Transzendenzgedanken offenbar gut verträgt, Weiblichkeit aber nicht. Die weiblichen Begleiterinnen des Zeus als Personifizierungen seiner Fähigkeiten sind in diesem Licht zu sehen. Denn mit dem griechischen Göttervater Zeus begegnet uns das logische Paradoxon patriarchaler Religion, dass Bilderlosigkeit männlich, Bildhaftigkeit aber weiblich ist. Wird also eine Potenz des transzendenten, dabei aber männlichen Gottes personifiziert, so erscheint sie in weiblicher Gestalt. Deshalb ist auch »Weiblichkeit« bei Gottheiten und in mancher Hinsicht auch bei Menschen immer viel greifbarer und leichter zu definieren als »Männlichkeit«, für die Abstraktheit und damit Universalität beansprucht wird, während Göttinnen und Frauen auf eingeschränkte Bereiche festgelegt bleiben. Gleichwohl bedarf der männliche Gott der Teilhabe an diesen Bereichen über die Göttinnen.

Wenn man so den Eindruck gewinnt, dass Zeus' Beziehungen zu den Titaninnen Themis, Eurynome, Mnemosyne und Metis (der Mutter der Athene, siehe dazu Kapitel 5) dazu dienten, ihre Vermögen und Fähigkeiten in seinen Wirkungsbereich zu überführen, wird dabei anscheinend auch eine ganz bestimmte Auswahl getroffen: Zeus eignet sich die Klugheit der Metis, die kulturschöpferischen Voraussetzungen und Potenzen der Mnemosyne, die Rechtsprinzipien der Themis und den Liebreiz der Chariten an bzw. stellt sie in seine Dienste; die düsteren weiblichen Mächte, wie Graien – die greisen, dabei aber nach der Überlieferung durchaus schönen Göttinnen – und die rachebringenden Erinnyen, beide Kinder der Nacht, wurden dagegen von ihm nicht vereinnahmt. Darauf weist auch die Geschichte von Zeus und Leda hin:

Leda galt den Griechen als Sterbliche und die Frau des spartanischen Königs Tyndareos. Zeus begehrte sie; er besuchte sie in Gestalt eines Schwans und zeugte mit ihr die schöne Helena, die später den Trojanischen Krieg auslöste. Nach Helena ist bis heute die griechische Erde in der einheimischen Sprache benannt, sie war in der Vorzeit eine mächtige Göttin der elementaren Wachstumskräfte. Die Vorstellung von ihrer Geburt aus einem Ei war im Altertum weitverbreitet, nur von Homer offenbar bewusst unterdrückt. Die ältere Version dieses Mythos scheint allerdings die zu sein, nach der Leda nur die Ziehmutter Helenas war, die das Ei entweder selbst fand und der es gebracht wurde. Die eigentliche Mutter aber war die alte Göttin der Vergeltung: Nemesis. Sie floh vor Zeus, der sie zu vergewaltigen suchte, nahm vielerlei Gestalten an, um ihm zu entkommen, wurde am Ende aber als Gans von ihm in der Gestalt eines Schwans begattet. Die Verbindung des Zeus zu Nemesis, die vor allem Muttermorde rächte und bei Homer lediglich eine Augenblicksgottheit darstellt, war wohl nicht allgemein akzeptabel, sodass man später Leda zur leiblichen Mutter der Helena erklärte und letztere gleichfalls zu einer Sterblichen machte.

Auch in solch einer Reinterpretation älterer Geschichten wird eine Ethisierung der göttlichen Welt erkennbar, die nicht mehr alle Mächte in die gleiche religiöse Sphäre hob.

Wie bei der Eroberung der kulturellen Welt bemächtigte sich Zeus auch der elementaren Welt, vornehmlich durch die Vergewaltigung der alten Göttinnen. Betroffen waren beispielsweise Leto, die Tochter der alten Gestirnsgötter Koios (Sphairos, Himmelskugel) und Phoibe (die Strahlende). Da Hera sie aus Eifersucht verfolgte, musste Leto mit den Zwillingen, mit denen sie von Zeus schwanger war, gen Norden flüchten und gebar ihre Kinder auf der Insel Delos. Zuerst kam ohne alle Geburtswehen die Göttin Artemis zur Welt, dann unter neuntägigen Qualen, dadurch verursacht, dass Hera die Geburtsgöttin Eleithyia auf dem Olymp zurückhielt, der strahlende Gott Apollon. Mit diesem Olympier, der als Attribut den Namen seiner Großmutter (*phoibos* als männliche Form von Phoibe) erhielt, gehörten Licht und Sonne fortan zur Sphäre des Zeus.

Der geschickte Hermes wurde als Folge von Zeus' Vergewaltigung der Berggöttin Maia, einer Tochter des Atlas geboren. Typisch für ihn war nicht nur seine Schläue, sondern auch seine phallische Kraft. Seine säulenförmigen Idole, die Hermen, die ansonsten mit dem Kult urtümlicher Mächte wie den Kabiren verbunden waren, stellten zumindest der Theorie nach auch eine Verbindung dar zwischen der Welt der griechischen Bauern und Hirten und der olmpischen Religion mit Zeus als ihrem obersten Repräsentanten.

Auch die alte thrakische Erdgöttin Semele wurde von Zeus vergewaltigt und erlitt ein besonders tragisches Schicksal. Zeus war als Sterblicher zu ihr gekommen, hatte ihr aber seine Identität verraten. Als sie bereits schwanger war, erweckte Hera ihr Misstrauen, dass der Vater des Kindes vielleicht doch nicht Zeus wäre. Also verlangte Semele von Zeus, sich ihr in seiner wahren Gestalt zu zeigen. Sie konnte den strahlenden Anblick nicht ertragen und wurde von Zeus' Blitz getroffen. Zeus konnte ihr Kind retten, indem er es in seine Hüfte einnähte und dort austrug. Dieses Kind war Dionysos, von dem noch ausführlich die Rede sein wird (Kapitel 8).

In der indoeuropäischen Frühzeit war die Gattin des Zeus die Himmelsgöttin Dione gewesen, auch dem Namen nach sein weibliches Pendant, das in der griechischen Mythologie keine Rolle mehr spielt. Der Olympier hielt schließlich »Heilige Hochzeit« mit der mächtigen Göttin Hera, die nach der griechischen Göttergenealogie seine ältere Schwester war und ihn bereits seit seiner Geburt für sich auserkoren hatte. Heras Initiative, die diese Göttin als die Einzige erweist, die freiwillig Zeus' Geliebte wurde, ist in jeder Hinsicht bemerkenswert. Man gewinnt aus den entsprechenden Überlieferungen den Eindruck, dass der aus dem Norden kommende Zeus die eingesessene Göttin der griechischen Ebenen heiraten musste, damit sein Kult hier Fuß fassen konnte. Gegen frühere Auffassungen hat H. Verbrüggen (1981) in seinem Buch über den »kretischen Zeus« klargestellt, dass die Heilige Hochzeit nicht als Fruchtbarkeitsritual in der minoischen Religion nachgewiesen werden kann, wie überhaupt zweifelhaft ist, dass Zeus auf Kreta einen Vegetationsgott als Vorläufer hatte. So scheint die Idee der Heiligen Hochzeit zwischen Zeus und Hera, die nach einer Erzählung dreihundert Jahre lang gedauert haben soll, eher aus der Notwendigkeit geboren, die beiden Gottheiten mit ihrem völlig gegensätzlichen Wesen zu verbinden. Sie könnte sogar als Versuch Heras gedeutet werden, den fremden Eindringling zu zähmen. Obwohl Hera in den Auseinandersetzungen mit ihrem Gatten am Ende stets die Unterlegene ist, gelingt es Zeus nie, sich ihrer so zu bemächtigen wie anderer Frauen. Sogar in Theokrits Geschichte (*Bukolika* 15,64), der einzigen, nach der Zeus zu Hera kam und nicht umgekehrt, hindert sie ihn daran, sie ohne Umstände zu vergewaltigen und erzwingt eine Heirat.

Die Herrschaft des Zeus war nicht ungefährdet, und ein wesentliches Element seiner Bedrohung scheint die Macht der Hera gewesen zu sein. Obwohl sie ihn anfangs unterstützte und nach einer Erzählung sogar auf ihren eigenen Armen nach Kreta trug, damit er vor Kronos geschützt war, zettelte sie später eine Rebellion gegen Zeus an, an der sich mehrere Olympier, seiner Herrschaft ebenso überdrüssig, beteiligten und dem Göttervater Fesseln anlegten. Der Aufstand scheiterte, weil Zeus von Thetis und dem hundertarmigen Ungeheuer Briarios befreit wurde.

Auch die komplexe Mythologie des dorischen Helden Herakles, des Heroen, »dem Hera Ruhm gab«, lässt vermuten, dass Zeus nicht nur auf den ägäischen Inseln, sondern auch im griechischen Kernland erhebliche Durchsetzungsschwierigkeiten hatte. Die überlieferten Sagen präsentieren Herakles als Sohn des Zeus und der Alkmene, einer alten chthonischen Göttin, die in diesem Zusammenhang aber als sterbliche Tochter eines mykenischen Königs auftritt. Seine unklare Herkunft war dafür verantwortlich, dass Herakles von manchen als Gott und von anderen nur als Heros verehrt wurde. Hera soll ihn mit ihrer Eifersucht verfolgt haben, obwohl sein Name klar eine positive Verbindung zwischen beiden anzeigt.

Der griechische Heroenkult ging aus dem mykenischen Totenkult hervor, durch den bedeutende Persönlichkeiten völkstümlich verehrt wurden. Die Erzählungen, die sich um die Taten eines oder auch mehrerer dahingegangener Fürsten und Abenteurer rankten, entwickelten sich zu Frühformen der europäischen Heldensagen. Der Herakles-Sagenkreis war ein Sammelbecken solch heterogener Stoffe, die aus verschiedenen lokalen Traditionen allmählich zusammenwuchsen; man nimmt an, dass er zwischen dem 8. und dem 5. Jahrhundert v. Chr. entstanden ist. Seine Zentren waren

Theben und vor allem Argos, der große Kultort der Hera. Die Verbindung zwischen Herakles und Zeus ist höchstwahrscheinlich sekundär und Ausdruck seiner Beliebtheit als Volksheros zu einer Zeit, als die olympische Religion für die literarische Kultur der Griechen bestimmend wurde. Dabei stellt sich die Frage nach der Bedeutung der dem Herakles auferlegten zwölf Arbeiten. Deutlich handelt es sich bei diesen Arbeiten um ordnungschaffende Leistungen, die ihm von dem argivischen König, der der Hera seinen Thron verdankte, abverlangt werden. Gleichzeitig haben sie Mysteriencharakter, eine ganze Reihe der Taten bezwingen Repräsentanten von Tod und Unterwelt. Herakles steht als Gegenstand eines Totenkults naturgemäß in chthonischen Zusammenhängen, und dies bringt ihn in den Umkreis der Erdgöttinnen Alkmene und Hera. Ganz anders als der attische Volksheld Theseus wurde Herakles trotz seiner zahlreichen Affären mit Frauen nie zum Vergewaltiger. Viele seiner kleineren Taten (*Parerga*) zeigen ihn als Diener der Frauen, als der er weibliche Handarbeiten ausführt, sowie als Retter von Frauen, sogar von Hera selber, als sie einmal auf der Erde wandelte und ihr von Silenen aufgelauert wurde. Nachdem Herakles nach Bestehen aller Aufgaben zum Olymp aufgefahren war, heiratete er Heras Tochter Hebe, deren Name »Jugend« bedeutet. So erinnert die Handlung auch an die späterer Volksmärchen, in denen der Held sich auf verschiedene Weisen bewähren muss, bevor er die Hand eines schönen Mädchens erhält.

Die vorherrschende Bedeutung des Zeus in Griechenland währte nur so lange wie die klassische Periode, und auch hier galt sie wahrscheinlich nur für die Literatur als Gestalterin einer offiziellen Ideologie und weniger für die kultische Praxis der Griechen. In der hellenistischen Zeit gewannen die Götter und vor allem die Göttinnen der Mysterien, mit denen die Zeus-Verehrung nie etwas zu tun gehabt hatte, wieder eindeutig die Oberhand.

Der weibliche Körper und weibliche Rollen in der Religion

Im Gegensatz zur bürgerlichen Geschlechterideologie, die naturgegebene und deshalb unumstößliche Unterschiede zwischen Frauen und Männern voraussetzt, hält es die zeitgenössische Gender-Forschung für ausgemacht, dass es sich mit den Stilisierungen des Weiblichen und des Männlichen um kulturell bedingte Konstrukte handelt, die mit dem biologischen »kleinen Unterschied« wenig bis gar nichts zu tun haben. Der englische Sprachraum, in dem sich dieser neue Zweig der Kulturwissenschaften am stärksten entwickelt hat, macht einen Unterschied zwischen »sex« (biologisches Geschlecht) und »gender« (kulturelles Geschlecht). Da diese Möglichkeit im Deutschen nicht existiert, übernimmt man hier die englische Bezeichnung »Gender« oder verwendet das lateinische »genus« in Abgrenzung zu »sexus«.

Natürlich können Geschlechterkategorien erst dann in Frage gestellt werden, wenn eine Gesellschaft gelernt hat und auch dazu bereit ist, ihre Selbstverständlichkeit in Zweifel zu ziehen. Eine solche Hinterfragung der vorherrschenden gesellschaftlichen Kategorien wurde in der zweiten Hälfte des 20. Jahrhunderts einerseits durch die Frauenbewegung und andererseits durch die poststrukturalistische Philosophie ausgelöst. Die praktischen Anliegen der feministischen Bewegung nach einer Veränderung der traditionellen Frauenrolle werden seitdem auf theoretischer Ebene untermauert bzw. ergänzt durch die Überzeugung der Poststrukturalisten, dass Gender-Konstruktionen nicht von universellen biologischen oder kulturellen Gesetzmäßigkeiten abhängen, sondern veränderbar sind.

Entsprechend der Überzeugung, die Gender-Polarität sei biologisch begründet, sind griechische Ideen über das Wesen der Frau und des Weiblichen kongruent mit Lehren der griechischen Gynäkologie. Das Frauenbild der Medizin, deren berühmtester Vertreter Hippokrates (um 460–370 v. Chr.) war, entspricht in frappanter Weise der Behandlung der Frauen in der griechischen Gesellschaftsordnung wie auch ihrem Verhalten bzw. ihrer Rolle in der griechischen Religion. Angesichts eines objektiven Wissenschaftsverständnisses, das noch heute besonders unter Naturwissenschaftlern weit verbreitet ist, mag eine solche Feststellung verwundern. Wissens- und Wissenschaftssoziologie erweisen aber, dass jegliches Wissen, das eine Gesellschaft als verbindlich anerkennt, niemals rein »objektiv« sein kann, sondern mit den Grundüberzeugungen verwoben ist, die die jeweiligen Wissenschaftler und ihre Förderer und Rezipienten miteinander teilen.

Die hippokratische Anatomie ging allerdings nicht wie die hesiodische Anthropologie davon aus, dass Männer und Frauen gänzlich verschiedene Spezies seien. Hesiods Pandora-Mythos, von dem noch ausführlich die Rede sein wird, zeichnet die erste Frau als ein Wesen, das unabhängig von der Schöpfung der Männer, das heißt der eigentlichen Menschen (für Hesiod sind *androi* und *anthropoi* synonym), entstand und für diese (männlichen) Menschen als Strafe für den Verrat des Prometheus von den Göttern gesandt wurde. In der klassisch-griechischen Medizin galt hingegen der Mann bzw. der männliche Körper als Ideal des Menschen, aber der weibliche Körper war von der Entwicklung des männlichen nicht gänzlich abgekoppelt, sondern wurde für eine Art Missbildung gehalten. Die andere Anatomie der Frau wurde also nicht als komplemantär zu der des Mannes verstanden, sondern als Abweichung von der männlich-menschlichen Norm. Als Gründe für die verschiedene Ausbildung des menschlichen Körpers bei Männern und Frauen wurden unterschiedliche angegeben: Bei manchen Wissenschaftlern galt die Zeit der Empfängnis als Auslöser, für andere gab es den Ausschlag, ob der Fötus in der rechten oder in der linken Hälfte der Gebärmutter zu liegen kam.

Auf jeden Fall war der männliche Körper derjenige, dem es gelang, genügend feurige Hitze oder Lebensgeist (*pneuma*) zu sammeln, sodass er sich durch Trockenheit und Härte auszeichnete, während der weibliche Körper weich, porös und feucht wurde. Diese Konzeption brachte es auch mit sich, dass die Geburt als männlicher Säugling noch keine Garantie dafür war, die besonderen Kennzeichen der Männlichkeit auch erhalten zu können. Männer mussten, solange sie lebten, ihre Virilität unter Beweis und damit in überzogener Weise zur Schau stellen, um nicht als »weibisch« zu gelten. Zu dem physiologischen Befund, der für die Griechen einer ständigen Bedrohung ihrer männlichen Identität gleichgekommen sein muss, passt die These der US-amerikanischen Althistorikerin Eva Keuls (1993), die die athenische Ordnung als »Phallokratie«, also als »Herrschaft des Phallus« bezeichnet hat. Keuls hebt hervor, dass eine Verehrung phallischer (Schöpfungs-)Kräfte bei frühen Völkern nichts Besonderes sei, bei den Griechen aber eine einzigartige Qualität bekommen habe. Phallokratie sei das Merkmal der gesellschaftlichen Herrschaft einer männlichen Elite, die fast alle Aspekte des athenischen Leben umfasst habe. Besonders augenfällig komme so die Herrschaft der Männer über die Frauen in der athenischen Architektur zum Ausdruck: Während die Wohnhäuser als Sphäre der Frauen kistengleich einschließend und bescheiden aussahen, waren die prunkvoll massiven öffentlichen Gebäude mit phallischen Säulen umstellt. Erigierte Phallen waren auch wichtige Symbole des Gottes Hermes. Die konventionelle Forschung verbindet sie mit bäuerlichen Kulten und und den Mysterien der Kabiren von Samothrake (alte chthonische Gottheiten, wahrscheinlich mit Verbindungen zur Schmiedekunst). Völlig ungeklärt ist jedoch, warum die Hermen ausgerechnet im klassischen Athen so zahlreich präsent gewesen sind, dem schwerlich ein typisch bäuerlicher Charakter zugeschrieben werden kann. Insofern hat die Deutung Eva Keuls' eine Menge für sich.

Das Grundverständnis der weiblichen Physiologie erklärt viele Eigenheiten der Vorstellungen der Griechen von Sexualität, Empfängnis und Schwangerschaft, auch die von der weiblichen Psyche, die sich wiederum in den besonderen Formen der griechischen Frauenreligiosität bemerkbar macht. Bei alldem gewann die griechische Medizin ihre Einsichten weniger von äußerlichen körperlichen Merkmalen her als von der Beobachtung des weiblichen Zyklus. Nach Auffassung der Medizinschriftsteller diente die Menstruation dazu, die vom weiblichen Körper ständig im Überschuss produzierte Flüssigkeit abzuführen. Deshalb wurde sie als wesentlich zur Erhaltung der Gesundheit der Frauen angesehen. Nach altgriechischem Verständnis löste der erste Geschlechtsverkehr die Menstruation aus, und so erschien es auch von ärztlicher Seite her angeraten, die Mädchen bereits im beginnenden Pubertätsalter zu verheiraten. Die Schwangerschaft galt bei den Griechen nicht etwa als Belastung für die Frauen, sondern ebenfalls als gesundheitsfördernd. Denn nur durch die Schwangerschaft fand der Uterus einen festen Platz im unteren Bauchraum. Griechische Ärzte glaubten, dass die Gebärmutter sonst im ganzen Körper herumwandere und eine die Frauen verstörende Krankheit auslöse, die sie »Hysteria« nannten. Die Hysterie, die sich in unterschiedlichen Formen, aber fast immer im Rahmen einer heftigen Gemütsbewegung als Überreizung äußert, gilt seit der Antike als reine Frauenkrankheit.

Die Menstruation war das wichtigste Zeichen, durch das ein weiblicher Körper sich als solcher zu erkennen gab. Sie galt aber weniger als ein Signum der Reifung als eines der Zähmung, denn jungen Mädchen war eine Wildheit eigen, die der von Tieren glich und ihre Trägerin außerhalb der griechischen Zivilisation stellte. Erst mit der Menstruation war der Entwicklungsprozess eines Kindes zu einem weiblichen Menschen abgeschlossen; wurde die Frau in der griechischen Gesellschaft und Kultur als gefährlich erachtet, so galt dies erst recht für das Mädchen, das in keine der akzeptierten gesellschaftlichen Kategorien zu passen schien und das es somit in der griechischen Zivilisation eigentlich gar nicht gab bzw. nicht geben durfte.

Vieles spricht dafür, dass die Griechen einen jungfräulichen weiblichen Körper nicht in unserem zeitgenössischen Sinne als einen nicht-deflorierten angesehen haben, sondern als einen nicht-menstruierenden. Giulia Sissa (1990) hat in medizinischen und mythologischen Texten der Antike zahlreiche Anhaltspunkte dafür gefunden, dass der vorchristlichen antiken Anatomie die Existenz des Jungfernhäutchens entweder unbekannt war oder ihm keinerlei Bedeutung beigemessen wurde. Auch war Jungfräulichkeit keine Tugend, zu der sie erst das Christentum stilisiert hat (und zwar als Zeichen der Enthaltsamkeit nicht nur bei Frauen, sondern durchaus auch bei Männern). Eine Jungfrau hatte als solche keinen Platz in der Gesellschaftsordnung der Griechen; sie war entweder eine Göttin oder eine besondere Priesterin oder ein mehr tier- als menschenartiges Wesen, das ebenfalls rituelle Funktionen zu erfüllen hatte. Auf jeden Fall galt eine Jungfrau den Griechen als gefährlich. An ihr haftete etwas Numinoses oder auch eine Täuschung, wie abermals der Fall Pandora illustriert. Diese erste Vertreterin ihres Geschlechts, die in einer bis dahin ausschließlich männlichen Gesellschaft als liebreizende Jungfrau (*parthenos*) erschien, trug bei sich einen mit Übeln gefüllten *pithos* (eigentlich einen Krug; im Deutschen hat es sich eingebürgert, mit »Büchse« zu übersetzen), der von vielen als Äquivalent zur Gebärmutter interpretiert wird. Pandora kam also als Jungfrau, aber ihre Büchse, der gefüllte Uterus, erwies sie dann als Frau. Die Jungfräulichkeit blieb ein Geheimnis, und den Übergang von ihr zum Frau-Sein konnten die Griechen allem Anschein nach nur als eine Art Opfervorgang lesen, der in der Menstruation bzw. in dem bei der Defloration entstehenden Blutfluss sichtbar wurde. Einige feministische Forscherinnen haben betont, dass altgriechische Heiratsriten mit den vorgeschriebenen Waschungen der Braut, dem Anlegen besonderer Kleidungs- und Schmuckstücke, der Darbringung von Kinderspielzeug sowie einer Haarlocke des Mädchens an die Götter und schließlich der Entschleierung, die vielleicht während der Feier, wahrscheinlich aber erst im Schlafzimmer des jung vermählten Paares stattfand, den Vorbereitungen eines Tieres zur Opferung ähnelten. Auch der Angstschrei der Braut in dem verriegelten Zimmer könnte in diese Richtung weisen. Quellenzeugnisse, wenn auch nur aus nachklassischer Zeit überliefert, lassen darauf schließen, dass er zum Ablauf der Zeremonie fest dazugehörte. Allerdings stehen Hochzeitsriten in einem engen inneren Zusammenhang mit alten Initiationsriten, die in Kapitel 7 ausführlich besprochen werden. Initiationen markieren den Übergang des Mädchens zur Frau, der, wie geschildert, von Griechen keineswegs als etwas biologisch Selbstverständliches, sondern als geheimnisvolle Verwandlung erfahren wurde. Zu dieser Verwandlung gehörte der mehr oder weniger gewaltsame und schmerzvolle Tod der alten Existenz, damit eine neue, andere begonnen werden konnte.

Die Ratlosigkeit der Griechen gegenüber dem Phänomen der Jungfräulichkeit mag auch darin begründet sein, dass sie Frauen als Wesen mit einer sehr ausgeprägten Sexualität verstanden. Anders als die bürgerlichen Gesellschaften des 19. Jahrhunderts, deren Vorstellungen von einer Ordnung der Geschlechter denen der griechischen Polis ansonsten ähnlich waren, wurde den antiken Frauen niemals das sexuelle Begehren abgesprochen. Im Gegenteil sah man den ehelichen Geschlechtsverkehr als ihren Bedürfnissen und ihrer Gesundheit entsprechend an, während die Männer die Ehe als Last zu empfinden vorgaben und sie als reine Pflicht zur Zeugung von Nachkommen für ihren *oikos* funktionalisierten. Ihre Emotionen pflegten die athenischen Bürger in außerehelichen Beziehungen zu Prostituierten und in päderastischen, also gleichgeschlechtlichen Verhältnissen zu Jugendlichen auszuleben. Da von weiblicher Seite keinerlei Zeugnisse überliefert sind, wissen wir nicht, wie die griechischen Frauen ihre Ehen tatsächlich erlebten. Sophokles hat allerdings in seiner nur fragmentarisch erhaltenen Tragödie *Tereus* der Thrakerin Prokne, die an den thebanischen König Labdakos verheiratet worden war, die folgenden vielsagenden Worte in den Mund gelegt:

■ Oft hab hieran die weibliche Natur erkannt,
dass wir ein Nichts sind. Zwar als Kind im Vaterhaus erleben wir. So glaub' ich, schönstes
Menschenglück;
denn Unverstand bewahrt die Kinder immer froh.
Doch macht das Mädchenalter uns verständiger,
dann stößt man aus dem Haus uns und verhandelt
uns
weit von den heimischen Göttern und den Eltern
fort,
diese zu fremden Männern, zu Barbaren die,
die in freudlose Häuser, die in schimpfliche,
Und das, ist erst die eine Hochzeitsnacht vorbei,
soll man dann loben, soll so tun, als wär' es schön!

Das sexuelle Begehren der Frau sah die griechische Physiologie ausgelöst durch die in ihrem Körper herumwandernde Gebärmutter, die nur durch eine Empfängnis einen festen Platz im Unterleib einnahm. Vieles spricht dafür, dass die Griechen in der Gebärmutter ein Äquivalent zum Penis betrachteten, der beim Mann an der Außenseite des Körpers liegt. So erklärt sich wohl ihre kuriose Auffassung, dass der Uterus gleichsam ein überzähliges Organ sei, das im Körper keine ihm ständig zukommende Ruheposition hatte. Dieses »Außen« der Gebärmutter steht auch symbolisch für das Außen des gesamten weiblichen Geschlechts, das nur oberflächlich und mit Gewalt in die Sphäre der griechischen Zivilisation integriert werden konnte.

Auch die Vulva hatte eine religiös-rituelle Bedeutungsebene, die im Einzelnen noch wenig geklärt ist. Die griechische Medizin scheint in der Vulva ein Sinnbild der Natur gesehen zu haben; darauf deutet jedenfalls der Sprachgebrauch, nach dem sie auch einfach *physis* genannt werden konnte. Eine ganz eigene Vorstellung von der Vulva als apotropäisches religiöses Symbol vermittelt die orphische Geschichte der alten Baubo, deren Name wahrscheinlich »Bauch« (im Sinne von Unterleib) bedeutet. Baubo tröstete die Getreidegöttin Demeter, als diese auf der Erde herumirrte und ihre Tochter Persephone suchte, die vom Hades entführt worden war. Demeter ließ alle Vegetation verkümmern und weigerte sich zu essen und zu trinken. Aber Baubo konnte sie aufheitern, indem sie ihr Kleid hochhob und Demeter durch ihre gespreizten Beine in ihren Schoß blicken ließ. Die Göttin musste lachen und nahm den Kykeon ein, einen Gerstentrunk mit Minze, der auch bei den Eleusinischen Mysterienfeiern eine Rolle spielt. Nach einem Orphischen Fragment, das Clemens von Alexandra überliefert, hatte Demeter zwischen Baubos

Schamlippen den Iakchos gesehen, ein Kind, das in Begleitung der beiden Muttergöttinen erscheint und mit Dionysos-Bakchos gleichgesetzt wird. Weder die erlösende Geste der Baubo noch die Bedeutung des Iakchos konnten bisher wirklich geklärt werden, offensichtlich ist aber, dass es sich um die Erfahrung eines Neuanfangs nach der Überwindung einer Zeit der Angst und Trauer handelte.

Das Motiv der Schau von Geschlechtsorganen kehrt in den ausschließlich von Frauen begangenen und deswegen auch »Frauenmysterien« genannten Demetermysterien wieder, die in einem späteren Kapitel ausführlich vorgestellt werden sollen. Die Feste und die ekstatischen Riten griechischer Frauen haben für moderne westliche Menschen obszöne Züge, die sich mit Auffassungen des »Heiligen«, wie sie sich in den monotheistischen Religionen herausgebildet haben, schwer vereinbaren lassen. Seit alttestamentlichen Zeiten wurde im jüdisch-christlichen Kulturraum die Verbindung zwischen Gottesverehrung und Sexualität massiv bekämpft. Im klassischen Griechenland aber lagen die Dinge völlig anders (ebenso wie übrigens im Alten Orient, dessen Einflüsse die biblische Tradition ständig abzuwehren bemüht war): Hier war ihre Sexualität für die Frauen geradezu eine Voraussetzung, um mit dem Göttlichen in Kontakt zu treten. Wie das Beispiel der delphischen Pythia zeigt, fanden Begegnungen zwischen Göttern und den in ihrem Dienst stehenden Frauen unmittelbar auf körperlich-intimer Ebene statt.

In Delphi, am südlichen Hang des Parnass in Böotien, befand sich die Orakelstätte des Apollon, der von hier aus großen Einfluss auf die Gestaltung des griechischen Gemeinwesens nahm. Delphoi, der antike Name der

Stätte, ist mit dem griechischen Wort »delphys« verbunden, eine Bezeichnung für »Schoß« und »Erdspalte«. In alter Zeit hatte hier die Göttin Ge (Erde) geweissagt, und zwar durch eine mächtige Schlange, die Python. Neben Gaia wurden auch Themis und Phoibe als Herrinnen des Orakels genannt. Nachdem Apoll von seiner Geburtsinsel Delos aufgebrochen war, um sich eine Orakelstätte in Griechenland zu suchen, gelangte er zuerst zu der Quelle der Nymphe Telphusa von Haliartos, wo diese selbst weissagte, und bat sie, sich hier niederlassen zu dürfen. Sie aber lehnte ab und schickte ihn nach Delphi. Er tötete die Python, brachte das delphische Orakel unter seine Kontrolle und schüttete die Quelle der Nymphe Telphusa mit Felssteinen zu, um ihre Konkurrenz auszuschalten. Seither sprach Apoll nicht aus der Erde und nicht durch eine Schlange, sondern durch eine Frau, die Pythia (ihr Name wurde später mit der Python-Schlange in Verbindung gebracht), die als *parthenos* (Jungfrau) ausgegeben wird. Die Pythia war eine einfache Frau aus dem Volk in fortgeschrittenem Alter, sie wurde für ihre Aufgabe in keiner Weise ausgebildet. Als Medium des Gottes hatte sie ihm lediglich als Gefäß zu dienen. Die »Jungfräulichkeit« der Pythia war in keinem Fall in unserem heutigen Sinne zu verstehen, denn die Quellen bezeugen, dass die betreffenden Frauen verheiratet gewesen waren und ein entsprechendes Leben als Familienmutter geführt hatten. Vielmehr ist die Jungfräulichkeit hier eine Chiffre für die Bereitschaft der Pythia, dem Gott Apollon zur Verfügung zu stehen wie eine Braut dem von ihr Besitz ergreifenden Ehemann. Dies ist sehr weitgehend wörtlich zu verstehen: Eine Malerei im Inneren einer rotfigurigen Trinkschale, die sich im Antikenmuseum zu Berlin befindet, zeigt die Pythia auf einem Dreischemel sitzend, wie sie ehrfürchtig den Gott empfängt.

Berliner Schale Lissa

Die Szene weist in sehr auffälliger Weise Anklänge an die von griechischen Ärzten gegen Frauenkrankheiten verordneten Therapien auf, bei denen die Frauen Dämpfe durch den Genitalbereich einführen sollten. Dampf und Rauch sind seit jeher Erscheinungsweisen der Götter, und so ist es naheliegend, mit Giulia Sissa, die die Malerei entsprechend gedeutet hat, anzunehmen, dass die Botschaft Apollons die Pythia nach griechischer Vorstellung über ihre Sexualorgane erreichte. Das Ritual spielte sich nur im Verborgenen des so genannten *Chresteion* ab, einer Art Brautgemach für Apoll und die Pythia.

Die besessene Passivität, mit der die Weissagerin aufnimmt und später weitergibt, was Apollon durch sie mitteilte, entspricht wiederum genau den griechischen Vorstellungen von der Empfängnis des Samens durch die Frau beim Geschlechtsverkehr: Der heiße trockene Samen, dessen Essenz das kostbare Pneuma und damit eher geistigen als körperlichen Charakters war, musste sicher in die Gebärmutter verbracht werden. Gelang dies, wurde er von den überschüssigen Körpersäften der Frau genährt, und ein Kind konnte heranwachsen. Anderenfalls war der heiße männliche Samen der Gefahr ausgesetzt, vom feuchten Körper der Frau verschlungen statt ernährt zu werden. Wir sehen hier auch in der griechischen Medizin Ansätze zu einem Körper-Geist-Dualismus, der schon früh bei den Orphikern und dann in abgemilderter Form von Platon ausformuliert wurde. Für Platon spielte dabei allerdings die Geschlechter-Dichotomie keine erkennbare Rolle. Beim delphischen Orakel machte sie sich hingegen in der Form bemerkbar, dass die pneumatische Weisheit des Apoll beim Durchgang durch den weiblichen Körper der ekstatischen Priesterin, der sie zuerst aufnahm und dann an den Orakelsuchenden weitergab, verrätselt wurde und in entsprechend undeutlicher Form den Fragesteller erreichte.

Die weibliche griechische Mantik, die für die politische Neuordnung Griechenlands während des 6. und 7. Jahrhunderts v.Chr. eine entscheidende Rolle spielte, ist ein noch weitgehend ungelöstes Rätsel. Fest steht nur, dass Frauen den Griechen aufgrund ihrer Physiologie als besonders geeignet erschienen, zur göttlichen Sphäre Kontakt herzustellen und ihr als Medium zu dienen.

Neben der überragenden Bedeutung der delphischen Pythia sind in diesem Zusammenhang noch die Sibyllen zu erwähnen, zu deren Verständnis noch weniger Details überliefert sind. Heraklit, von dem die früheste Erwähnung stammt, spricht nur von einer Sibylle, spätere Überlieferungen kennen mehrere, die jeweils einem großräumigen Gebiet der bekannten Welt zugeordnet wurden. Bedeutung und Herkunft ihres Namens sind ungeklärt; naheliegend scheint die Annahme, dass es sich bei den Sibyllen um eine Art weiblicher Schamanen gehandelt hat, Entsprechungen zu legendären Sehern und Wundermännern wie Abaris der Hyperboreer, Aristeas von Proconnesos und Bacis, zu dessen Person nicht mehr als der Name überliefert ist. Näheren Aufschluss über die Sibyllen, die wie Bacis nur als ekstatische Orakelkünderinnen, nicht aber als Heilerinnen und Wundertäterinnen auftraten, kann ihre Verbindung zu Apollon geben. Dieser Gott, der in erster Linie ein Repräsentant der Sonne ist, wurde seit jeher mit göttlicher Gesetzgebung und kultischer Ordnung in Verbindung gebracht. Seine enge Verwandtschaft mit den Sonnengöttern des Alten Orients gilt als erwiesen. Hier standen die Sonnengötter in enger Beziehung zum König, während in Griechenland unter anderen politischen Voraussetzungen Apollon als eine Art Mittler zwischen seinem Vater Zeus und den Menschen fungierte. Wie der babylonische Herrscher Hammurabi das erste aufgeschriebene Gesetzeswerk in der Geschichte der Menschheit, den berühmten Codex Hammurabi, aus der Hand des Sonnengottes Shamash empfing, so brachte Apollon den Griechen die Ordnung des Zeus. Dabei ist es bemerkenswert, dass er sich nicht durch eine straff organisierte und mächtige Priesterschaft mitteilte, die seinen Kult verwaltete, sondern eben durch die Pythia von Delphi und die wandernde Sibylle.

Es wurde bereits erwähnt (Kapitel 2), dass die minoische Religion vor der Palastzeit höchstwahrscheinlich eine weibliche Sonnengottheit verehrte. Lucy Goodinson (1989), die diesen Sachverhalt unter Heranziehung zahlreicher archäologischer Belege untersucht hat, stellt auch fest, dass seit der mykenischen Zeit die weibliche Sonne allmählich durch eine männliche abgelöst wurde.

Weibliche Adorantinnen verehren weibliche Sonnengöttin

Anbeterinnen vor einem erhöhten bzw. schwebenden Gott

Unter den Ritualgefäßen aus minoischen Gräbern befinden sich die wegen ihrer spezifischen Form so genannten »Bratpfannen«, über deren Verwendung Un-klarheit herrscht. Möglicherweise, so eine neuere The-se, sollten sie den Toten als Astrolabien (Gestirns-kompasse) dienen. Diese »Bratpfannen« waren mit Darstellungen mehr oder weniger stilisierter weiblicher Genitalien versehen; viele Archäologen halten es für wahrscheinlich, dass es sich dabei eigentlich um weib-liche Figuren mit besonders akzentuiertem Bauchraum handelt. Ihre Dekorationen weisen daneben unmiss-verständlich auf eine Sonnensymbolik hin, was so in-terpretiert werden kann, dass die Sonne in der vorgrie-chischen Kultur weiblich war. Bereits mit diesen »Bratpfannen« finden wir also die Idee von der in den weiblichen Körper aufgenommenen Sonne bei beton-ten, auf mehreren Darstellungen leicht geöffneten Schamlippen. Diese minoischen Zeugnisse sind auch im Hinblick auf die erwähnte Geste der Baubo auf-schlussreich.

Während auf frühminoischen Darstellungen weibliche Adorantinnen um Sonnensymbole (siehe die Abbildung auf den Silberdiademen aus Syros, S. 27) tanzen, er-scheinen auf jüngeren Zeugnisse männliche und weibli-che anthropomorphe Figuren in rituell anmutenden Szenen mit Sonnensymbolik. Auf einigen ist die sitzen-de weibliche Figur die Göttin (siehe S. 67 oben), auf an-deren aber die Anbeterin eines erhöhten bzw. schwe-benden männlichen Gottes (S. 67 unten). Auffällig ist, dass die weibliche Manifestation der Sonne immer von mehreren Verehrerinnen umgeben ist, die männliche aber nur von einer. Demnach gab es in mykenischer Zeit eine männliche Sonne mit weiblichen Priesterinnen.

Der hellenische Gott Apoll, der seinen Beinamen

Phoibos von der alten Göttin Phoibe, der »Strahlenden« übernahm, passt in dieses Bild: ein männlicher Sonnengott mit einer weiblichen Anbeterin, der die alte Sonnengöttin abgelöst hatte. Die Tatsache, dass die minoische Sonnengöttin in sitzender Position dargestellt wird und Apollon sowie der Pythia später der Dreischemel zugeordnet wird, lässt ebenfalls auf einen Zusammenhang und vor allem in gewissem Sinn auf eine Austauschbarkeit der männlichen und der weiblichen Figuren schließen. Die Pythia sitzt auf dem Schemel wie Apoll selbst und wie früher die kretisch-kykladische Sonnengöttin. Beide inkorporieren die Sonne, die alles sieht und der deswegen die Fähigkeit der Weissagung zugeschrieben wird. Die Inbesitznahme des weiblichen Körpers der Pythia und der Sibylle durch den männlichen Sonnengott Apoll ist nur eine Fortentwicklung dieser offenbar sehr alten Thematik. Ihre besondere patriarchale Note erhält die Situation im archaischen und klassischen Griechenland allerdings dadurch, dass nur die Orakel der Pythia, die der Kontrolle Apollons vollständig unterworfen war, einen wertfreien Charakter hatten. Prophezeihungen der Sibylle dagegen, die selbstständiger war und im ganzen Land unherschweifte, sagten immer Unheil voraus.

Auch die tragische Geschichte der trojanischen Seherin Kassandra bezeugt, dass unabhängige weibliche Weissagungskunst abgelehnt und dämonisiert wurde. Kassandra verweigerte sich Apoll und wurde zur Strafe mit dem Fluch belegt, dass niemand ihren Orakeln Glauben schenken sollte. Obwohl dieser Gott im Trojanischen Krieg als Gegner Agamemnons auf Seiten der Trojaner kämpfte, verhinderte er, dass letztere durch Kassandra vor der List der Griechen gewarnt wurden.

Anstatt auf ihre Prophezeihung zu hören, hielten sie sie für wahnsinnig und ließen das hölzerne Pferd und mit ihm den Feind in die Stadt. Dass Kassandra ihre Sehergabe erst als Geschenk durch Apoll erlangt hatte, der dadurch hoffte, sie für sich zu gewinnen, ist nur eine Version der Geschichte. Es wurde auch berichtet, dass Kassandra und ihr Zwillingsbruder Helenos in einem Apollontempel gespielt hatten und ihnen dort Schlangen Mund und Ohren leckten und sie so weissagekundig machten. Pausanias (III 19,6) besuchte in Amyklai in Lakonien ein Heiligtum mit dem Kultbild der Kassandra, die hier Alexandra hieß und als leierspielende Göttin verehrt wurde. Auch dies deutet auf ihre ursprüngliche Unabhängigkeit von Apollon hin.

Nachdem sich jedoch in der griechischen Sage Kassandra dem Apollon verweigert hatte und die Griechen nach Troja eingedrungen waren, wurde sie im Tempel der Athene und vor deren Kultbild, an das sie sich verzweifelt klammerte, von Aiax vergewaltigt und fiel dann Agamemnon als Konkubine zu. Sie bekam von ihm zwei Söhne und wurde schließlich von seiner Ehefrau Klytämnestra ermordet, nicht ohne das düstere Schicksal des Geschlechts vorauszusagen.

Kapitel 5

Frauen und Göttinnen

Wie alle polytheistischen Religionen kennt auch die griechische eine beträchtliche Anzahl weiblicher Gottheiten. Weibliche Gestalten des griechischen Pantheons, wie Aphrodite und Athene, sind auch heute noch weithin bekannt und inspirierten jahrhundertelang Lyrik und Bildende Künste im Abendland.

Die Frage, ob und worin ein grundsätzlicher, existentieller Unterschied zwischen Göttern und Göttinnen besteht, ist von Historikern der griechischen wie auch anderer Religionen bisher wenig diskutiert worden. Eine weitgehende Übereinstimmung herrscht dahingehend, dass weibliche Gottheiten eine engere Beziehung zu Frauen und ihren Lebensbereichen haben als männliche; aber auch diese zunächst ganz natürlich scheinende Annahme ist bisher durch keine systematische Untersuchung bestätigt worden. Stattdessen werden Göttinnen, die den herkömmlichen Vorstellungen von »Weiblichkeit« nicht entsprechen, was im griechischen Bereich sehr stark auf Athene zutrifft, kurzerhand zu »männlichen Göttinnen« erklärt. Die Kategorien von »männlich« und »weiblich« sind also in unserem Denken sogar dem Göttlichen übergeordnet; auch hieran sieht man deutlich, dass es sich bei ihnen nicht nur um biologische Fakten, sondern vor allem um ein kulturelles Ordnungsprinzip handelt, das notfalls auch gegen die Biologie geltend gemacht wird. Jede Anwendung dieses Ordnungsprinzips auf die Götterwelt muss doppelt überprüft werden, einmal auf das Verhältnis von Göttinnen zu Göttern, zweitens auf das von Göttinnen zu Frauen. Dabei stellt sich heraus, dass nirgendwo so etwas zu ermitteln ist wie das Wesen oder die »Natur« der griechischen Göttinnen. Sie haben untereinander wenig gemein. Da sich den Göttinnen eben wegen ihrer Göttlichkeit nicht dieselben Zwänge aufoktroyieren lassen wie den Frauen in der patriarchalen griechischen Gesellschaft, ist die Frage, was diese Göttinnen denn »weiblich« macht, nur auf einem Wege zu beantworten: »Weiblich« im kulturellen Sinne ist ein göttliches Wesen dann, wenn es Aufgabenbereiche betreut, für die bei den Menschen die Frauen zuständig sind. Die Weiblichkeit einer Göttin ist als solche also sehr eng an die ihrer irdischen Schwestern gebunden.

Unter den griechischen Göttinnen lassen sich nach klassischer Auffassung verschiedene Typen unterscheiden. Die Generation der Olympierinnen, das heißt jene Göttinnen, die mit dem obersten Gott Zeus verschwistert oder seine Kinder sind, unterscheidet sich von den älteren Göttergestalten, von denen bereits im Zusammenhang mit Zeus' Herrschaftsübernahme die Rede war, durch ihre Komplexität bei gleichzeitiger Individualität. Olympische Göttinnen wie Artemis, Demeter, Athene und Aphrodite sind klar voneinander unterscheidbar, anders als die überwiegende Anzahl der weiblichen Gottheiten ihrer Eltern- und Urelterngeneration, die vielfach in Gruppen zusammengefasst sind und gemeinsam bestimmte Zuständigkeitsbereiche verwalten. Hier gibt es beispielsweise die fünfzig Nereiden,

Töchter des alten Meeresgottes Nereus und – demselben Element zugeordnet – die Graien, drei alte Frauen, die sich zusammen einen einzigen Zahn und ein Auge teilen mussten, oder die Erinnyen, besser bekannt unter ihrem römischen Namen »Furien«, die unerbittlich Verstöße gegen die geltende Ordnung in Natur und Gesellschaft ahnden. Etwas anders verhält es sich mit den Titaninnen, die häufig Naturerscheinungen verkörpern, wie Thetys das Meer und Phoibe das Licht, deren Verhalten aber nicht in dem Maße zwangsläufigen Gesetzmäßigkeiten folgte. Die mächtigste Titanin und in gewisser Hinsicht die mächtigste griechische Gottheit überhaupt war Hekate, von der noch die Rede sein wird. Die ältesten Göttinnen sind nach Hesiod Nyx, die anfängliche Nacht, aus der alles hervorging, und Gaia, die Erde.

Während den Elementen weibliche ebenso wie männliche Gottheiten zugeordnet werden können, sind Verkörperungen abstrakter Prinzipien, wie Gerechtigkeit (Dike) oder Erinnerung (Mnemosyne, die als Mutter der ebenfalls weiblichen Musen gilt), wie bereits in Kapitel 3 besprochen, auffälligerweise stets feminin gedacht.

Die olympischen Göttinnen sind Hera, Demeter, Artemis, Athene, Aphrodite und Hestia; letztere bildet als Personifizierung des Herdfeuers eine Ausnahme. Am Feuer wurden die indoeuropäischen Ahnen- und Hausgötter verehrt. Diese auf der Ebene von Familien- und Sippenverband äußerst wichtige Kultform wurde mit der Hestia in den olympischen Pantheon integriert, aber ihre Sonderstellung wird schon dadurch deutlich, dass ihr kein eigener Mythos zugeordnet ist. Wie auf einem Fries des Parthenon zu sehen ist, wurde sie von ihrem Rang als eine der Hauptgottheiten bald durch Dionysos verdrängt.

Hera ist die Gemahlin des höchsten Gottes Zeus und als solche die Mutter der olympischen Göttinnen und Götter, allerdings überwiegend im nicht-biologischen Sinne. Ihr Mann war ein notorischer Ehebrecher, und darum hat eine Reihe Olympier Zeus als Vater, aber nicht Hera als Mutter. Einzige Ausnahme ist der Kriegsgott Ares. Hephaistos, den Schmiedegott, gebar Hera laut Hesiod (*Theogonie* 927) als Jungfrau. Weitere eheliche Kinder von Zeus und Hera waren die Göttin der Jugendblüte Hebe und die der Geburt Eleithyia. Wenn Hera in der griechischen Mythologie als Mutter und Beschützerin agiert, gilt ihre Aufmerksamkeit aber nicht einem ihrer gemeinsamen Kinder mit Zeus, sondern Ungeheuern wie der Hydra-Schlange oder dem Löwen von Nemea. Diese zu bezwingen, gehört zu den Aufgaben des unehelichen Zeussohnes und griechischen Zivilisationsgründers Herakles, der seinerseits von Hera mit unerbittlichem Hass verfolgt wird. Einer der homerischen Hymnen nennt Hera auch als Mutter des vielköpfigen Drachen Typhon, der versuchte, Zeus die Weltherrschaft streitig zu machen. Hera soll ihn hervorgebracht haben, um Zeus' Kopfgeburt Athene ein eigenes Geschöpf entgegenzusetzen. Ein Aspekt Heras gehört also der außer- oder nebenzivilisatorischen Sphäre an, obwohl sie als Zeus-Gattin gleichzeitig hohe Repräsentantin der griechischen Ordnung ist. Ihr Hauptkultort war Argos, wo sie bereits in mykenischer Zeit als Palastgöttin verehrt wurde.

Das merkwürdige Gebaren der Hera als Ordnungswächterin und Zeus-Gattin einerseits und als seine Widersacherin andererseits ist nur als das Ergebnis ihrer langen Geschichte in Griechenland zu erklären. Hera hat wohl ursprünglich eine andere Ordnung repräsentiert als die patriarchale des Zeus. Etymologisch scheint sie mit den Horen verwandt, den Himmelswächterinnen, die die Jahreszeiten repräsentierten, aber auch die Grundsätze der Gesetzlichkeit (Eunomia), Dike (Gerechtigkeit) und Eirene (Frieden). Sehr wahrscheinlich war Hera in ihrer frühesten Eigenschaft als Herrin der Ebenen, auf denen das Vieh weidet, eine alte Göttin der Pelasger in Nordostgriechenland. Auch zur Ägäis besteht eine lange zurückreichende Beziehung. Eine Göttin des Hauses scheint sie ebenfalls noch in vorgriechischer Zeit geworden zu sein und initiierte als solche den Tempelbau in Griechenland, dessen Bewohner ihre Gottheiten zuerst ausschließlich in der freien Natur verehrten. Erst die indoeuropäischen Einwanderer zwangen sie unter die Herrschaft des Zeus. Dieser griechische Göttervater war ursprünglich mit Dione verbunden; die ältere Forschung vermutete in ihr als Pendant zum Himmelsgott Zeus eine Erdgöttin, nach neueren Erkenntnissen war sie aber ebenso wie er dem Himmel zugeordnet. Allerdings war sie offenbar neben Zeus so schwach, dass schließlich ihr Platz von Hera eingenommen wurde, die einzig durch die Bindung an Zeus in angemessener Weise integrierbar war. Ihr Kampf mit dem obersten griechischen Gott wurde aber, wie die sich um diese Ehe rankenden Sagen zeigen, als fortdauernd angesehen. Während der archaischen Epoche (6. Jahrhundert) besaß Hera als Schützerin bestimmter Städte und insbesondere von deren jungen Männern große politische Bedeutung. In der klassischen Zeit verschiebt sich dieses Gewicht auf die Sphäre der Familie. Aber auch hier tritt die für griechische Göttinnen typische Ambivalenz zutage: Einerseits wird Heras Ehe mit Zeus als Muster für das zu trauende Paar hingestellt, andererseits ist die Göttin selbst in ihrer Mythologie eine durchaus rebellische Ehefrau, die der Braut keinesfalls als Vorbild empfohlen werden konnte.

Hera begleitet als Wächterin und Schützerin die Frauen, entsprechend trägt sie die Beinamen »Mädchen« (*País*), »Braut« (*Nymphoméne*), »Vollenderin« (der Ehe – *Téleia*) und »Witwe« (*Chera*). Es ist jedoch auffallend, dass alle diese Attribute sich auf das Leben der Frau als Ehefrau beziehen, wohingegen die Sphäre der Kindergeburt auf Heras Tochter Eleithyia übertragen ist. Die Domäne der Hera ist also die rechtliche und institutionelle Seite der Ehe, das heißt das ordnungsgemäße Verhältnis zwischen den Gatten, nicht aber die Mutterschaft. Dass die Ehe, die in erster Linie den Interessen der Männer diente, gerade durch die Männer selber immer wieder gefährdet wurde, thematisiert die griechische Mythologie mit der Beziehung des obersten Götterpaares. Mehr oder weniger hilflos muss die maßlos eifersüchtige Hera zusehen, wie ihr Mann mit ständig wechselnden Partnerinnen die Ehe bricht, die er Hera gegen ihren ursprünglichen Willen aufgezwungen hatte. Damit ist Hera tatsächlich in derselben Lage wie die griechische Frau, die kein Recht auf freie Wahl des Ehemannes hatte und später – anderer Lebensperspektiven beraubt – um ihre Ehe fürchtete, während der Mann sich jegliche Freiheit herausnehmen konnte.

Die Rolle der Muttergöttin, die in Heras mythologischer Biographie keine Bedeutung hat, übernimmt die Göttin

Demeter, eine Schwester des Zeus. Der bekannte Mythos von Demeters Schicksal und dem ihrer Tochter Persephone wurde auf vielfache Weise mit dem Wuchs und Absterben des Getreides in Verbindung gebracht. Der Unterweltsgott Hades verliebte sich in Demeters Tochter und brachte sie in seinen unterirdischen Herrschaftsbereich. Als Demeter von ihrer Suche nach Persephone völlig erschöpft und niedergeschlagen war, wurde sie durch eine obszöne Geste der Dämonin Baubo wieder aufgeheitert (vgl. S. 167 ff.) und fand in Attika freundliche Aufnahme. Zum Dank dafür lehrte sie den Königssohn Triptolemos den Getreideanbau. Schließlich erfuhr Demeter von der Entführung ihrer Tochter, ließ daraufhin das Getreide nicht weiterwachsen und verursachte für Menschen und Götter eine Hungersnot. Zeus musste sich als Vermittler einschalten und handelte aus, dass Persephone einen Teil des Jahres bei ihrer Mutter bleiben, den anderen jedoch in der Unterwelt verbringen sollte. Antike Allegorese deutete dieses Kommen und Gehen Persephones als Gleichnis für den Kreislauf der Feldfrüchte.

Die Göttin Demeter – sie und ihre Tochter wurden von den griechischen Frauen als die beiden »Göttinnen« schlechthin angerufen – war für die Fruchtbarkeit des Feldes wie auch der Menschen zuständig. Eines der wichtigsten griechischen Jahresfeste, die *Thesmophorien*, gehörte zu ihrem Kult (siehe Kapitel 10). Die Thesmophorien sollten den Fortbestand der Bevölkerung sichern, wobei hier die religiöse Praxis die zentrale Rolle der Frauen anerkennt, die von der herrschenden Geschlechterideologie besonders in Athen bestritten wurde. Macht und Verehrung der Demeter basierten also auf anderen Ideen als denen, die die griechische Männergesellschaft verkündete. Dies trifft auch für die Mysterien von Eleusis zu, deren Stiftung nach dem homerischen Demeter-Hymnus ebenfalls mit dem Demeter-Persephone-Mythos in Verbindung zu bringen ist. Die antiken Mysterien, von denen die eleusinischen die ältesten sind, sind von der Polis und ihren Strukturen unabhängige, durch das Individuum frei und nach Belieben gewählte Erfahrungsreligionen. Die an sie angeschlossenen Vorstellungen, um Unsterblichkeit und Wiedergeburt kreisend, sind der Orphik verwandt, einer esoterischen Strömung in der griechischen Religion mit den zentralen Ideen der Selbsterkenntnis und Divination.

Der Demeter-Kult enthält in besonderem Maße Elemente, die den Werten der griechischen Polis-Gesellschaften fremd sind oder ihnen sogar zuwiderlaufen. Die *Thesmophorien* waren ein reines Frauenfest, also eine der wenigen Gelegenheiten, zu denen sich Frauen erlaubtermaßen außerhalb der Wohnhäuser versammelten und in eigener Regie ein öffentliches Fest gestalteten. Die Teilnahme an den Eleusinischen Mysterien stand Frauen wie Männern gleichermaßen offen. Vieles deutet darauf hin, dass in den frühesten Zeiten eine Hohepriesterin im Vollzug der Mysterienhandlungen die höchste Funktion erfüllte. Damit stellt sich die Frage nach den Ursprüngen der Demeter, die ebensowenig geklärt sind wie die der Hera. Der Name Demeters ist nur in seinem zweiten Teil eindeutig: *meter* ist das griechische Wort für Mutter. Die Etymologie von »De« jedoch ist unklar. Viele Forscher vermuten dahinter die Erdgöttin Ge, demnach hieße Demeter also »Erdmutter«. Als zweite Möglichkeit der Interpretation, die dem Wesen der Göttin genauer entspricht, wird bei spätantiken Autoren eine kretische Wortwurzel vermutet, die für »Getreide« steht. Tatsächlich ist Demeter – das macht eine ganze Reihe ihrer Beinamen deutlich – für das kultivierte Getreide verantwortlich, nicht etwa für Vegetation im allgemeinen oder gar für die Wildnis. Möglicherweise reicht die Entstehungszeit des Demeter-Kultes bis zur Einführung des Ackerbaus zurück, der in Südosteuropa wie überall eine historische Errungenschaft der Frauen gewesen ist. Vieles spricht dafür, dass die genauen Einblicke, die die frühen agrarischen Gesellschaften in die Wachstumskreisläufe der Natur nehmen konnten, bereits im Neolithikum mit Transzendenzerfahrungen verbunden wurden. Das Bewusstsein von Transzendenz setzt eben nicht, wie evolutionistische religionshistorische Darstellungen immer wieder behaupten, eine Abwertung der empirischen, materiellen Welt voraus. Vielmehr gründet es sich sehr häufig, wie letztlich alles, was Menschen hervorbringen, auf die genaue Beobachtung natürlicher Vorgänge und Zusammenhänge. Da die arischen Nomaden, die seit 1500 v. Chr. in mehreren Schüben nach Griechenland einwanderten und sich hier niederließen, vor allem das Feuer verehrten, ist es naheliegend, die Ursprünge der mit der Göttin Demeter verbundenen Ackerbaureligion in ihren verschiedenen Aspekten mit der vorarischen Zivilisation in Verbindung zu bringen. Entgegen allen Spekulationen, die über »Die Göttin« des Neolithikums im Umlauf sind, ist es wichtig zu betonen, dass wir mit Demeter keineswegs eine Allgöttin vor uns haben, sondern dass ihr Wirkungskreis genau abgesteckt ist.

Natürlich ist bei all dem davon auszugehen, dass

Mythos und Kultus der Göttin sich während des langen Zeitraums ihrer Verehrung in Griechenland verändert haben und neuen Verhältnissen angepasst wurden. Ein Aspekt der Demeter-Persephone-Geschichte, der heute von der feministischen Altertumsforschung sehr betont wird, kann als mehr oder weniger offene Patriarchatskritik interpretiert werden. Das Schicksal der Trennung von Mutter und Tochter, das in dem Mythos thematisiert wird, spiegelt die Verhältnisse in der griechischen Gesellschaft wider: Die Mädchen wurden in sehr jungem Alter systematisch ihren Müttern entfremdet und in einer unbekannten, feindseligen Umgebung ausgesetzt. Wir können annehmen, dass dabei die Erinnerung an vorindoeuropäische, matrilineare Strukturen eine Rolle gespielt hat.

Ebenso wie Demeter ist Artemis eine ausgesprochene Frauengöttin, die als Schutzherrin der ungebändigten Wildnis gleichwohl eine zentrale Rolle im restriktiven Leben der griechischen Frauen spielt. Während Hera die jeweiligen Stadien des Frauenlebens repräsentiert, ist Artemis Wächterin und Begleiterin der Übergänge zwischen diesen Stadien. Sie war die wichtigste Göttin im Zusammenhang mit den Mädcheninitiationen. Obwohl Artemis selber Jungfrau ist und streng über die Keuschheit der sie begleitenden Nymphen wacht, ist sie besonders mit der physiologischen Seite des weiblichen Lebenszyklus verbunden: mit der Menstruation, der Niederkunft und insbesondere mit dem Tod, für den sie mitunter selbst die Ursache ist. Die Tatsache, dass Liminalität im individuellen und sozialen Leben von Frauen eine so viel größere Rolle spielt als in dem von Männern und dass die Frau deswegen als Gefahr für die bürgerlichen Besitzstände angesehen wurde, schlägt sich in der Zuordnung dieser Bereiche zum Wirkungskreis der Artemis als der »Göttin des Draußen« (Wilamowitz) nieder. Dazu passt ebenfalls, dass die am meisten gefürchteten mythischen Feindinnen Athens und seiner patriarchalen Ordnung, das weibliche Kriegervolk der Amazonen (siehe Kapitel 6), die Göttin Artemis verehrten. Der Mythos siedelte Amazonen in Kleinasien an, wo Artemis eine besondere Rolle spielte. In Ephesos war sie Stadtgöttin, hatte also politische Funktionen, und wurde zudem als vielbrüstige Fruchtbarkeitsgöttin verehrt. Das zeigt, dass es sich bei der klassisch-griechischen Artemis um eine spezifische Interpretation handelt. Betrachtet man das Gesamtbild ihrer Erscheinungen, so ähnelt sie den großen Göttinnen Vorderasiens, wie etwa der sumerisch-akkadischen Inanna-Ishtar, die über Liebe, Fruchtbarkeit und Krieg gleichzeitig herrschte. In Artemis spiegeln sich noch die altpaläolithische Jägerkultur und die sie ablösende, aber ebenfalls noch vorgriechische Hirtenkultur. Sie war Herrin der Tiere und überwachte die strengen Riten der Tiertötung und Zerlegung, und zwar sowohl in Bezug auf die Jagd, als auch in Bezug auf das Opfer. Ihr oblag die Pflege der Herdentiere, deren Gedeihen sie sicherte, indem sie diese auf fruchtbare Weiden führte. Als Fruchtbarkeitsgöttin war sie freilich auch zuständig für die Vorbereitung der jungen Mädchen auf die Ehe, sie war Beschützerin der Gebärenden und der Säuglinge.

Als eine sehr artifizielle Göttin erscheint Aphrodite auf den ersten Blick, ihr Kult hat aber wie der der Artemis seine Wurzeln in älteren levantinischen Kulturen. Die ihr zugeordneten Symbole lassen am ehesten eine Ver-

wandtschaft mit der minoischen Taubengöttin erkennen, die sowohl einen Sonnen- als auch einen Todesaspekt aufweist. Der Sonnenaspekt ist bei Aphrodite
noch klar vorhanden. Der ihr gewidmete Homerische
Hymnus beschreibt sie als glänzend geschmückt und
mit goldenen Flügeln ausgestattet. Manche Mythen er-
höhen ihren Rang, indem sie Aphrodite anstatt Hera
zur Partnerin des Zeus erklären. Dabei setzen sie die
Göttin mit ihrer Mutter Dione gleich. Eine Beziehung
der Göttin Aphrodite zum Tod erscheint befremdlich,
wenn man das Bild zugrunde legt, das die klassische
Tradition von ihr zeichnet; dass diese Beziehung vorhanden ist, bezeugt jedoch der delphische Titel
»Aphrodite Epitymbidia« (»Aphrodite der Gräber«).
Auch in griechischen Kolonien in Unteritalien wurde
Aphrodite als Unterweltsgöttin verehrt, aber offenbar
ohne die schreckenerregenden dämonischen Züge, mit
denen die klassisch-griechische Religion Repräsentantinnen dieses Bereiches auszustatten pflegte.

Auffällig ist bei der klassischen Aphrodite im Vergleich
zu anderen olympischen Göttinnen ihre unbedeutende
Stellung im Kult. Vielfach besungen wurde sie dagegen
in der Dichtung, was die Auffassung bestätigt, dass diese Göttin eher eine Figur frühgriechischer Ästhetik als
volkstümlicher Religiosität gewesen ist. Als literarische
Gestalt weist Aphrodite allerdings Züge auf, die Aufschluss darüber geben, was in der griechischen Zivilisation unter Weiblichkeit verstanden wurde, denn anders
als die urwüchsigeren Göttinnen Artemis und Hera ver-
körpert Aphrodite die Gefahren, die die griechische
Männergesellschaft dem Umgang mit Frauen zuschrieb.
Diese Gefahren liegen in Aphrodites erotischer Aus-
strahlung und mehr noch in ihrer ungehemmten Be-

reitwilligkeit, sich auf sexuelle Beziehungen zu göttlichen oder menschlichen Partnern einzulassen. Der Erste Homerische Hymnus an Aphrodite betont ihre positive Einstellung zur Sexualität im Gegensatz zu der keuschen Lebensweise von Artemis und Athene. Aphrodite konnte fast alle Götter und Menschen verliebt und lüstern machen; als einzige erlagen Hestia, Artemis und Athene ihren Künsten nicht. Einigen ihrer Liebhaber brachte das Verhältnis zu Aphrodite Verderben und Tod, wie etwa dem jugendlichen Adonis, den Ares, der eifersüchtige Ehemann der Göttin, in Gestalt eines wilden Ebers umbrachte. Auf diese Sage geht das Frauenfest der Adonien zurück (siehe Kapitel 10).

Kein Erbarmen kannte Aphrodite mit Männern und Frauen, die ihre erotischen Pläne zu durchkreuzen versuchten oder die Liebe ganz verschmähten wie Hippolytos, der Sohn des Athener Volkshelden Theseus. Aphrodite sorgte dafür, dass seine Stiefmutter Phädra sich in ihn verliebte und ihn dann aus Rache für sein abweisendes Verhalten bei ihrem Mann der Vergewaltigung bezichtigte. Dieser ließ Hippolytos erhängen. Somit repräsentiert Aphrodite auf olympischer Ebene die rächenden und rasenden Frauen der griechischen Tragödie, die aus enttäuschter Liebe ganze Familien auslöschen und von der Sprengkraft erotischer Leidenschaft für die bürgerliche Gesellschaft zeugen. Diese Kraft mit ihren poetischen wie zerstörerischen Aspekten ist die Domäne der Göttin Aphrodite. Sie erinnert hierin auch an die altorientalische Ishtar, die als egoistische Liebhaberin ebenso begehrt wie gefürchtet war.

Dass das Treiben der Aphrodite von den Griechen der klassischen Zeit als subversiv empfunden wurde, führte schließlich zu der Aufspaltung in zwei Göttinnen. Im *Symposion* lässt Platon einen der Dialogpartner erläutern, es gebe eigentlich zwei Aphroditen. Die ältere, die er Aphrodite Urania, also »Himmlische Aphrodite« nennt, inspiriere eine Liebe frei von körperlichen Lustgefühlen, die sich an junge Männer richte. Diese Aphrodite sei männlicher Natur. Ihre jüngere Schwester dagegen, Aphrodite Pandemos, die »Aphrodite des ganzen Volkes«, sei lediglich am Geschlechtsakt interessiert; ihre Funktion aber sei es, die sozialen Bande innerhalb des gewöhnlichen Volkes zu stärken. Es dürfte sich hier um eine Umdeutung einer pythagoreischen Auffassung handeln. Die Pythagoreer kannten nämlich den Todesaspekt dieser Göttin und verdoppelten ihre Gestalt zu einer himmlischen (Aphrodite Urania) und einer unterirdischen. Diese dunkle Seite der Aphrodite scheint dann in der platonischen Philosophie erotisch verfremdet worden zu sein. Platon leitete damit eine Entwicklung ein, die für die gesamte spätere Antike und auch für das Milieu, in dem das Christentum entstehen sollte, bezeichnend ist: Die ideologische Eingrenzung weiblicher Liebe und Erotik auf den Fortpflanzungsakt. Während die klassische Zeit noch ein kultiviertes Hetärentum kannte, bei dem die Pflege von Literatur und Philosophie durch die Frauen einen wesentlichen Bestandteil bildete, wird hier die Möglichkeit einer Verbindung von Erotik und Intellektualität endgültig durchgeschnitten und die Liebe der Frauen endgültig auf das Vulgäre und biologisch Notwendige reduziert.

Für die gesellschaftserhaltenden und -stabilisierenden Kräfte steht gegen Aphrodite Athene, die Schutzherrin der Stadt Athen. Sie ist die Tochter des Zeus und wurde in voller Rüstung aus seinem Haupt geboren. Vorausgegangen war dieser bemerkenswerten Episode einer Göttinnengeburt durch einen Gott die erzwungene Verbindung des Zeus zu Metis, einer weisen Meeresgöttin aus dem Geschlecht der Titanen, die von ihm schwanger wurde. Da jedoch nach einem Orakel ein Kind der Metis der Macht des Zeus gefährlich werden sollte, verschlang Zeus die Titanin und gebar das Kind selbst. Athene war klug wie ihre Mutter, dabei jedoch bereit, ihre Fähigkeiten der Macht des Zeus und der von ihm repräsentierten Gesellschaft unterzuordnen. Sie war die Göttin der Künste und Handwerke, besonders auch des in den Händen der Frauen liegenden Spinnens und Webens. Neben Zeus selbst war Athene als Tochter der Metis in besonderer Weise Erbin des vorolympischen umfassenden Weisheitsprinzips *metis*, das sich auf Philosophie und Dichtung, handwerkliche und lebenspraktische Fertigkeiten gleichermaßen bezog. Diese Art von Klugheit und Geschick, die im Mythos deutlich gegen Zeus und die durch ihn repräsentierte Ordnung aufbegehrte, wurde unschädlich gemacht, bzw. in den Dienst der neuen Göttergeneration gestellt, indem sie auf mehrere Olympier verteilt wurde. Wie die französischen Kulturhistoriker Marcel Détienne und Jean-Pierre Vernant (1978) in einer Studie zu *metis* herausfanden, wurde der Bereich des erotischen Wissens Aphrodite und Hermes zugeschlagen, während Athene und Heras Sohn Hephaistos, beide in auffallender Weise entsexualisiert, für Handwerk und strategische Planungen zuständig sind. Das Verschlungenwerden der Göttin Metis leitete in Griechenland also die Ära der Differenzierung und Spezialisierung der Wissensgebiete ein. Die Ergebnisse von Détienne und Vernant verdeutlichen auch, warum Athene so ausgeprägt als eine Männergöttin erscheint, dass viele Forscher ihr die Weiblichkeit überhaupt absprechen möchten: Mit der Kopfgeburt Athenes wurde die weibliche Weisheit reduziert und ihrer erotischen Anteile vollständig beraubt. *Metis* war ein vorphilosophisches Konzept, das im klassischen Athen durch das von Sokrates eingeführte axiomatische Begriffsdenken weitgehend abgelöst wurde. Die Auffassung von »Wissen« entfremdete sich dem Alltagsleben, indem es auf eine höhere Abstraktionsebene gehoben wurde. In diesem neuen Verständnis war das Wissen als Philosophie eine Domäne der Männer und diente ihren Zwecken, die sich oft genug gegen die Interessen von Frauen richteten.

Bei Auseinandersetzungen zwischen Männern und Frauen in griechischen Epen und Dramen ergreift Athene stets Partei für die Männer, und zahlreiche Mythen setzen sie in enge Beziehung zu den Heroen, die die neue, patriarchale Zivilisation nach Griechenland bringen. Es verdient besondere Beachtung, dass nicht Zeus' Gemahlin Hera, sondern seine mutterlose Tochter Athene zur obersten Repräsentantin und Wächterin dieser Zivilisation wurde, die im klassischen Athen ihren Höhepunkt erreichte. Entsprechend führt die Geschichte der Göttin in die Zeiten zurück, in denen sich die indoeuropäischen Eindringlinge gegen die ältere griechische Kultur nur mit Mühe durchsetzen konnten. Bereits für die mittelmykenische Epoche, das heißt ab 1500 v. Chr., ist eine gemeinhellenische Vorstellung von der »mächtigen Herrin Athene« als Schildträgerin und Kriegsgöttin belegt. Die große Bedeutung der Athene in so früher Zeit macht deutlich, daß die Göttin älter sein muss als die Stadt, die sich mit ihrem Namen verband, denn Athen war zu jener Zeit politisch wie kulturell belanglose Provinz. Die martialischen Züge Athenes verweisen zuerst auf die bewaffneten Göttinnen Klein- und Vorderasiens, wie Ishtar oder Enyo, die allerdings Kriegs- und Liebesgöttinnen in einem waren. Nichts jedoch scheint dem Wesen der Athene so fremd zu sein wie die Sexualität. Ein Einfluss der nahöstlichen Hierodoulengöttinnen mit ihrer ausgepägten Erotik ist weniger wahrscheinlich als der der kretisch-minoischen Schlangengöttin. Die Schlange wird Athene noch später, z. B. auf ihrer Darstellung im Parthenon zugeordnet. Der Beiname *glaukopis* läßt auch an die vogelgestaltige Göttin der Minoer denken. Nach der Theorie des Religionshistorikers Martin P. Nilsson (1950) wurde eine solche durchaus friedfertige Gottheit unter dem Einfluss der militanten Ideologie mykenischer Eindringlinge in die Kriegsgöttin Athene verwandelt und in dieser Gestalt bis in die klassische Zeit weitertradiert.

Die Verbindung Athenes zu der Stadt Athen besteht nicht nur darin, dass die Göttin die Werte der athenischen Gesellschaft repräsentiert. Der Sage nach war der halb menschen- und halb schlangengestaltige erste König der Stadt, Erichthonios, der Ziehsohn Athenes. Seine Geburt wurde von recht merkwürdigen Umständen begleitet: Hephaistos hatte sich in Athene verliebt. Als er sich ihr nähern wollte, stieß sie ihn zur Seite, und sein Samen ergoss sich auf die Erde. Hieraus entstand ein Kind, das die Erdgöttin Ge in die Obhut Athenes gab, die es wiederum den Töchtern des attischen Königs Kekrops anvertraute. Nachdem zwei von ihnen, Pandrosos und Perse, gegen Athenes Gebot in den Korb gesehen hatten, in dem Erichthonios lag, und sich daraufhin vor Schreck von der Akropolis gestürzt hatten, nahm Athene das Baby zu sich und zog es in ihrem Tempel groß. Als Erichthonios erwachsen war, usurpierte er den Thron von Athen und förderte den Athene-Kult. Dazu gehörte die Einrichtung der panathenischen Festspiele zu Ehren der Göttin. Den Athenern dienten die Panathenaia vor allem dazu, ihre Macht zu demonstrieren. Junge Männer wurden zu diesem Anlass in die Gesellschaft eingeführt, während der Anteil der Frauen an den Festlichkeiten vor allem darin bestand, das alle vier Jahre auszuwechselnde Gewand der Göttin anzufertigen.

Von den außerolympischen individuellen Göttinnen verdient insbesondere Hekate Beachtung, die häufig als dreigestaltige Göttin oder als eine Göttin mit drei Köpfen dargestellt wird. An einer Stelle in Hesiods *Theogonie*, von der nicht sicher ist, ob es sich um eine Interpolation handelt, erscheint Hekate als Allgöttin, die von Zeus einen Teil seines Herrschaftsbereichs zugesprochen bekam. Ähnlich wie Artemis, mit der sie von Anfang an eng verbunden war und der sie im Hellenismus und in der Spätantike assimiliert wurde, ist Hekate sehr ausgeprägt eine Schwellengöttin, die an Kreuzwegen angerufen wurde, und noch stärker als jene hat sie eine besondere Beziehung zum Tod. Die Seelen von toten Frauen, die unverheiratet oder kinderlos gestorben waren, begleiteten die Göttin als Gespenster. Die klassische Zeit, die den Tod aus dem Zuständigkeitsbereich der höchsten, olympischen Götter verbannte, machte aus Hekate eine ausschließliche Unterweltsgöttin und betonte ihre bedrohlichen Züge in unverhältnismäßiger Weise. Unterstrichen wird eine solche Entwicklung noch durch die Tatsache, dass Hekate eigentlich eine Tochter der orakelnden Lichtgöttin Phöbe war, der die Vermittlung zwischen göttlich-himmlischer und irdischer Sphäre oblag.

Zu Hekates ureigenstem Bereich gehört die Magie, vor allem die Kommunikation zwischen den menschlichen und den göttlich-dämonischen Welten. Als Mittlerin zwischen Toten und Lebenden ist sie die wichtigste Zaubergottheit der Antike, auf deren Hilfe Frauen wie Männer gleichermaßen hoffen konnten. Die bedeutendste Verehrerin der Göttin war Medea, in deren Mythos sich zeigt, dass die Zaubermächtigkeit weiblicher Gestalten bzw. Frauen besonders gefürchtet war und dämonisiert wurde. Dies erklärt auch, warum Hekate während der klassischen Periode und in ihren literarischen Zeugnissen ganz zurücktrat oder nur als besonders furchterregende Gestalt wahrgnommen wurde, während ihre schützenden Eigenschaften und ihre Wertschätzung als Begleiterin von Frauen und Göttinnen in schwierigen Situationen an Bedeutung verloren. In hellenistischer und römischer Zeit genoss diese Göttin jedoch besonders als Herrin der Magie wieder große Verehrung.

Die Tatsache, dass die olympischen und auch manche anderen Göttinnen ausgeprägt individuell und eigensinnig dargestellt wurden, dabei aber keineswegs die Archetypen waren, zu denen manche von der Tiefenpsychologie angeregte Interpretation sie machen möchte, ist erstaunlich, besonders wenn man sie mit der Situation der sterblichen Frauen vergleicht. Diese hatten besonders in der athenischen Polis stereotyp definierte

Eigenschaften und eine genau festgelegte gesellschaftliche Stellung; somit können die Hauptgöttinnen der Griechen also keinen Vorbildcharakter gehabt haben. Ebensowenig ist die (weibliche) Götterwelt Griechenlands einfach als Spiegelung der gesellschaftlichen Verhältnisse zu sehen. Die Beziehungen zwischen den Frauen und den Göttinnen waren sehr viel komplexer.

Obwohl sich, wie wir gesehen haben, im klassischen Griechenland die Göttin zum Gott nur in Einzelfällen so verhält wie die Frau zum Mann, wirkt sich dennoch die Geschlechterdifferenz auf ihre Konzeption aus. Für eine Gesellschaft, die den Unterschied zwischen den Geschlechtern derartig stilisierte wie die altgriechische und insbesondere die athenische, und deren Ordnung in hohem Maße auf diesem Unterschied aufgebaut war, wäre es auch unwahrscheinlich, dass sie nicht auch auf die Struktur des Pantheons in irgendeiner Weise Einfluss nahm. Tatsächlich stellten die Griechen ihre Göttinnen in den Dienst der Erfordernisse ihrer gesellschaftlichen Vorstellungen, allerdings nicht ohne eine in der Mythologie festgehaltene Ambiguität sowohl der einzelnen Göttinnen als auch des Pantheons als Ganzem. Die griechischen Göttinnen waren einerseits integrale Bestandteile des misogynen Systems, andererseits schufen die mit ihrem Kult verbundenen Riten auch Freiräume für die Frauen.

Die olympischen Göttinnen haben eine geradezu prekäre Stellung zwischen der griechischen Gesellschaftsordnung und den sie bedrohenden bzw. von ihren männlichen Repräsentanten als bedrohlich empfundenen Mächten und Kräften. Während die Frauen im Rahmen der geltenden Ideologie dem Bereich der Natur zugeordnet wurden (wobei ihnen die von der Gesellschaft durchaus benötigte Reproduktionskraft kurzerhand abgesprochen wurde), waren die Göttinnen die entscheidenden Vermittler zwischen natürlicher und gesellschaftlicher Sphäre. Dennoch verbindet sie hierin mit den Frauen strukturell etwas Entscheidendes: Wie die Frauen auf der innergesellschaftlichen Ebene Schwellenwesen waren, die die Familienzugehörigkeit wechselten und damit potentiell Besitzstände bedrohten, so durchbrachen die Göttinnen auf einem höheren, kosmischen Level die festgelegten Grenzen zwischen Natur und Kultur, Leben und Tod, männlich und weiblich. Eine mangelnde Festlegbarkeit auf Bereiche, die nach dem patriarchalen Denken der Griechen säuberlich voneinander zu trennen waren, vereint also griechische Frauen und griechische Göttinnen.

Es fällt auf, dass nur die kultische Verehrung von Demeter und Artemis hauptsächlich von Frauen verrichtet wurde. Dabei oblag Demeter in erster Linie die Fruchtbarkeit der Felder, Artemis die Einführung der jungen Mädchen in ihre Pflichten als Ehefrau und Mutter. Wenn die religiösen Aktivitäten von Frauen diese Bereiche vor allen anderen abdeckten, lag dies aber nicht an den Göttinnen, die in Griechenland verehrt wurden, sondern an der Beschränktheit des Lebens der griechischen Frauen. Neben den Göttinnen verehrten griechische Frauen in der klassischen Zeit nur den Heilgott Asklepios und den Heros Adonis, der für eine kurze Zeit Geliebter der Aphrodite gewesen war und dann ein tragisches Ende fand. Die Göttinnen auf der anderen Seite repräsentierten ein weit umfangreicheres Spektrum an

Lebens- und Verhaltensmöglichkeiten als das, welches sich den Frauen bot.

Die Olympierinnen haben jeweils weite Betätigungsfelder, die historischen und räumlichen Veränderungen unterlagen. Ein großes Problem der Interpretation ihrer Rolle ist die alle weibliche Identität überragende bzw. absorbierende Figur der Muttergöttin, von der angenommen wird, dass sie die beherrschende Gottheit des Neolithikums war, und die in hellenistischer und römischer Zeit zur Göttin schlechthin wurde. In ihr assimilierten sich schließlich nahezu alle weiblichen Gottheiten des antiken Mittelmeerraumes und wurden zu Aspekten einer einzigen Göttin.

Die klassische Zeit unterscheidet sich sowohl von der ihr vorausgehenden minoisch-mykenischen Religion als auch von der ihr nachfolgenden hellenistischen durch die starke Ausdifferenzierung weiblicher Göttlichkeit in klar voneinander abgegrenzte und zu eigenen Persönlichkeiten ausdifferenzierte Göttinnen. Einschränkend ist hierzu allerdings zu sagen, dass es sich bei dem weiblichen Monotheismus des Neolithikums (siehe Kapitel 2) um eine immer stärker bezweifelte Hypothese handelt. Die archäologischen Zeugnisse Alteuropas und insbesondere auch Kretas lassen keinen Zweifel daran, dass es verschiedene Göttinnen mit unterschiedlichen Symbolen und Zuständigkeitsbereichen gegeben hat. Inwieweit diese tatsächlich, wie oft vermutet wird, als Ausprägungen eines einzigen übergeordneten weiblichen Prinzips verstanden wurden, ist aufgrund des Fehlens schriftlicher Zeugnisse offen. Blickt man nach Ägypten, Babylonien und Kleinasien, von wo die minoische Zivilisation immerhin massiv beeinflusst wurde, so ist festzustellen, dass es dort keine universale Göttin gab. Es muss hier deutlich hervorgehoben werden, dass dies auch für Kybele zutrifft, die kleinasiatische Berggöttin, die mit ihrem phrygischen Namen Matar und in Griechenland Meter hieß. Matar und Meter bedeuten tatsächlich »Mutter«, es handelte sich bei ihr jedoch nicht um eine Gestalt, die Kinder gebar und versorgte, sondern um eine machtvolle Herrin der Tiere. Ihre wichtigsten Kultdiener waren auffälligerweise Männer.

Bereits die ältesten Göttinnen hatten verschiedene Fähigkeiten und Funktionen; nirgendwo kann man eine ausschließliche oder auch nur primäre Festlegung des Weiblichen auf Qualitäten, die wir heute als mütterlich bezeichnen, ausmachen. Nach nahöstlichen Befunden zu urteilen, ist die Vergöttlichung der Mutter eine religionsgeschichtlich späte Erscheinung, und die Annahme liegt nahe, dass sie sogar ein Ausdruck patriarchaler Herrschaftsverhältnisse ist. Die sogenannte »Große Göttin« des Ostmittelmeerraumes, die laut Erich Neumanns bekannter Studie »Die Große Mutter« einen frühen Bewusstseinszustand der Menschheit repräsentiert, existiert als einigermaßen einheitliche Gestalt erst seit dem Hellenismus. Die große Verehrung, die man der Muttergöttin im späten Griechentum und im Römischen Kaiserreich angedeihen ließ, wird oft mit der Verbesserung der allgemeinen Situation der Frauen gegenüber der klassisch-griechischen Zeit und gar mit der römischen Frauenemanzipation um die Zeitenwende in Verbindung gebracht. Eine genaue Betrachtung der historischen Abläufe spricht jedoch dafür, diese Sicht der Dinge zu modifizieren. Richtig ist, dass die hellenistische Epoche sich vom stereotypen

Sexismus ab- und der weiblichen Individualität zuwandte. Die Römerinnen, die immer schon erheblich besser gestellt waren als die Griechinnen, hatten im Zeitalter der militärischen Auseinandersetzungen mit ihren Nachbarn und dann insbesondere in den römischen Bürgerkriegen eine große Selbständigkeit gewonnen. Nichts deutet jedoch darauf hin, dass in den Jahrhunderten vor der Zeitenwende die Göttinnenverehrung durch Frauen zunahm. Die Prominenz der »Großen Göttin« im Leben der Frauen wird vielmehr ab dem ersten Jahrhundert n. Chr. augenfällig, und dies war bereits eine Periode der gesellschaftlichen Restauration. Kaiser Augustus, der nach seinem Sieg bei Actium 31 v. Chr. für das Römische Reich eine lange Friedenszeit einleitete, traf verschiedene Maßnahmen, um die Freiheiten der Frauen wieder einzuschränken. Dass diese sich nun der Verehrung von Göttinnen zuwandten, die aus dem Orient stammten und von konservativen Römern ebenfalls mit Argwohn betrachtet wurden, hat nichts damit zu tun, dass ausgerechnet diese Fruchtbarkeits- und Muttergöttinnen, wie Kybele oder Isis, dazu beigetragen hätten, Frauen in der Gesellschaft aufzuwerten. Der Schlüssel zum Verständnis der Prominenz der »Großen Göttin« im Römischen Reich und anderswo liegt vielmehr darin, dass über die durch sie personifizierten Qualitäten hinaus keine weiteren mehr als weiblich vorgestellt werden konnten. Eine Ausnahme bilden die bereits erwähnten Hypostasen, das heißt weiblich konnotierte Tugenden, die vor allem Männer zu erringen hofften, wie etwa die römische Virtus (»Tugend«, »Tapferkeit«). Die alten Göttinnen Ägyptens und Sumers aber, die etwa die Schreibkunst, den Tempelbau und den militärischen Erfolg verwalteten oder sogar als Kriegerinnen auftraten, verschwinden im Laufe der Geschichte des Patriarchats ersatzlos. Dieses war aber ein langsamer und keinesfalls geradlinig verlaufender Prozess. Die Frage, welche Stufe darin die Religion des klassischen Griechenlands im allgemeinen und die Verehrung der griechischen Göttinnen im besonderen repräsentiert, erfordert eine sehr differenzierte Betrachtung.

Wie sich anhand der klassischen griechischen Religion zeigt, ist die Verehrung von Göttinnen keinesfalls eine Voraussetzung für die gesellschaftliche Gleichberechtigung der Frau. Weibliche Gottheiten können ebenso wie männliche den Erfordernissen einer patriarchalen Ordnung dienen, und der Gott Dionysos (siehe Kapitel 8) konnte ebenso wie die Göttin Demeter Anstifter zu Befreiungsritualen für griechische Frauen sein. Religion ist immer mehrdimensional; ihre Bedeutung lässt sich niemals auf nur eine einzige gesellschaftliche Funktion reduzieren. So spiegeln die griechischen Gottheiten sehr wohl die Werte der griechischen Gesellschaft, aber auch ihre Konflikte und Probleme.

Auffällig ist die Bandbreite, mit der bestimmte Fähigkeiten und Zuständigkeiten bei den Griechen durch Göttinnen repräsentiert wurden. Der Einfluss des Weiblichen wird auf der Ebene der Göttinnen nicht wie auf der der Frauen dadurch beschränkt, dass seinen Repräsentantinnen nur bestimmte Tätigkeiten offenstehen, sondern dadurch, dass die Göttinnen ihrer Sexualität beraubt sind. Die sexuell aktiven Göttinnen Hera und Demeter sind für Ehe und Mutterschaft zuständig, was mit dem Frauenbild der Griechen korrespondiert. Dabei erscheint Hera aufgrund ihrer Eifersucht gegenüber den zahlreichen (oft unfreiwilligen) Sexualpartnerin-

nen ihres Ehemannes und ihrer oft dadurch bedingten
Feindschaft gegenüber den Heroen leicht als Widersacherin der griechischen Zivilisation. Der subversive
Charakter Aphrodites, deren Freizügigkeit allzu leicht
über das hinausging, was den Griechen als vertretbar erscheinen konnte, wurde bereits betont. Trauer und Zorn
der Demeter über den Verlust ihrer Tochter bedrohen
die Lebensgrundlagen der Gemeinschaft. Zu Demeters
Kult gehören die Eleusinischen Mysterien, die gesell-
schaftsauflösende Tendenzen zeigen. An diesen drei
Göttinnen und ihrer Auflehnung gegen die Restriktionen, die die mit der Zeusherrschaft verhängte Ordnung
für Frauen mit sich brachte, wird die Fragilität des griechischen Patriarchats deutlich, das in dieser Härte auch
nicht lange aufrechterhalten werden konnte. Anders
verhält es sich mit den jungfräulichen Göttinnen: Hestia, Artemis und Athene. Sie sind loyale Förderinnen des
Systems, Athene sogar seine ausgesprochene Patronin.
Durch ihren Verzicht auf Sexualität und Ehe waren sie
den Zumutungen enthoben, denen sich griechische
Ehefrauen, Mütter und Hetären ausgesetzt sahen, und
wahrten eine Unabhängigkeit, die weiblichen Wesen eigentlich nicht gemäß war. Damit erhebt sich tatsächlich die Frage, die mit Bezug auf Athene bereits ange-
deutet wurde, ob nämlich eine jungfräuliche Göttin
wirklich eine Göttin war oder nicht vielmehr ein Gott.
Da die griechische Geschlechterideologie das Weibliche
als einen Mangel ansah, das seiner Bestimmung nach
männlich hätte werden sollen, aber seine Vollendung
nicht erreicht hatte, sind Frauen ohne weiblichen Zyklus Männer. Der Zyklus aber wurde (wie in Kapitel 4 be-
schrieben) nach Auffassung der griechischen Gynäkologie durch den Geschlechtsverkehr ermöglicht und in

Gang gehalten. In der Spätantike, in der das Christentum die sexuelle Abstinenz zur Tugend erhob, wurde die Vermännlichkeit von Frauen aufgrund der Wahrung ihrer Jungfräulichkeit zur Obsession. Umgekehrt mussten auch Männer, die sexuell aktiv waren, ihre »Verweiblichung« fürchten.

Von einer so uneingeschränkten Wertschätzung der Jungfräulichkeit war das klassische Griechenland weit entfernt; erst am Ausgang dieser Epoche begann sich mit der Philosophie Platons jene Entwicklung anzudeuten. Die Vorstellung aber, dass Göttinnen und in religiösen Diensten stehende Frauen wie die Pythia durch sexuelle Abstinenz sich des Makels der Weiblichkeit und der damit verbundenen Festlegungen und Einschränkungen entledigen konnten, existierte bereits. Anders als in späteren Jahrhunderten war den allermeisten Frauen des klassischen Griechenland diese Möglichkeit verwehrt.

Mythische Frauen und die Ängste der Männer

Diejenigen klassischen Mythen, in denen nicht Göttinnen, sondern irdische Frauen dargestellt werden, legen nahe, dass für die Griechen buchstäblich Welten zwischen beiden Ebenen lagen. Nach den Interpreationen von Jean-Paul Vernant (1980) und Froma Zeitlin (1995) steht in Hesiods *Theogonie* die von Zeus bestätigte Macht der Göttin Hekate in einem engen strukturellen Zusammenhang mit der Erschaffung der ersten menschlichen Frau. Beide Gestalten umrahmen die Geschehnisse, durch die Zeus seine Stellung als oberster Gott gewinnt und absichert. Der patriarchale griechische Zeus wird dabei zu einem Muster des athenischen Hausherrn und bewältigt die ihm aus dieser Rolle entstehenden Probleme auf seine eigene Art. Seine Mutter Rhea brachte ihn vor ihrem Mann Kronos, der seine Kinder zu fressen pflegte, um nicht Gefahr zu laufen, eines Tages seine Herrschaft an sie abtreten zu müssen, in Sicherheit nach Kreta, wo die Erde (Gaia) ihn aufzog. Nachdem Zeus die Geschwister des Kronos von ihren Fesseln befreit hat, erhält er von ihnen, den Himmelssöhnen (Uranionen), aus Dankbarkeit die Insignien seiner Hoheit: Donner, Blitz und flammende Strahlen, die »Kräfte, die einst die gewaltige Erde in ihrem Schoß geborgen« (*Theogonie* 504 f.). So erhielt also der Göttervater Zeus die Macht des Himmels und der Erde.

Zumindest einen Teil der Macht versuchte ihm nun Prometheus, der Sohn des Titanen Japetos, streitig zu machen. Prometheus ist der Schöpfer der griechischen Männer, die von ihm aus Lehm geformt wurden. Seine Schläue half ihnen, sich gegen die Interessen der Götter eigene Rechte zu verschaffen. Als Titan war Prometheus unsterblich, und deshalb konnte Zeus ihm nicht ohne weiteres beikommen. Am Ende kettete Zeus ihn an einen Berg im weit entlegenen Kaukasus, wo jeden Tag ein Adler an seiner Leber fraß, die jeweils über Nacht wieder nachwuchs. Schließlich ließ ihn Zeus in den Tartaros stürzen. Den Menschen aber, die Prometheus' Schützlinge waren, schickte Zeus zur Strafe die erste Frau, Pandora, deren Name ansonsten mit der Erdgöttin Ge oder Gaia verbunden war. Während aber Ge als die »Alles-Gebende« die erste Göttin war, ist Pandora die erste Frau, der auf Geheiß des Zeus von den Olympiern »alles gegeben worden ist«, was den Menschen Leiden bringt. Die griechische Grammatik lässt beide Interpretationen des Namens »Pandora« zu, und Hesiod wählte unmissverständlich die letztere.

Hesiods Darbietung der Pandora-Geschichte gibt ein ziemlich genaues Bild davon, welche Stellung den Frauen unter Männern und Gottheiten zugewiesen wurde. Zunächst einmal waren Frauen keine Menschen. In Hesiods Sprachgebrauch sind *androi* (Männer) und *anthropoi* (Menschen) austauschbar. Die Frau ist eine eigene Spezies für sich mit eigenen Bedingungen ihrer Existenz. Zeus schuf diese erste Frau, um die Männer als Geschöpfe und Gefolgschaft des Prometheus zu bestrafen. Denn Pandora – die Epimetheus, dem Bruder des Prometheus, als Geschenk übergeben wurde – brachte in ihrem *pithos*, einem Krug, zahlreiche Leiden, Plagen, Krankheiten und nicht zuletzt die Sterblichkeit, die die Menschen deutlich von der Welt der Götter trennte. Pandora leerte den *pithos* fast vollständig aus, nur Elpis, die Hoffnung, blieb darin eingeschlossen. Terminologische Analogien weisen darauf hin, dass mit dem *pithos* nichts anderes symbolisiert wird als die Gebärmutter, also das Organ, das einerseits für die gefahrbringende Konstitution des weiblichen Geschlechts hauptsächlich verantwortlich gemacht wird, andererseits aber als Austragungsort der ersehnten Söhne auch eine große Hoffnung der Griechen in sich barg. Das Bild vom Öffnen des *pithos*, dem Entfleuchen aller Übel und der Einschließung der Elpis entspricht den patriarchalen Anschauungen über die weibliche Sexualität, in denen sich Furcht und Hoffnung miteinander verbinden.

Pandora trennt zwar die Welt und die Lebensbedingungen der Menschen von denen der olympischen Götter und begründet die separate Art der Frauen, aber umgekehrt ist sie rückgekoppelt an die alte griechische Göttin Gaia, die auch unter dem Beinamen »Pandora« angerufen wurde. So wie Prometheus den Menschen das Feuer brachte, das Zeus mit der erzwungenen Hilfe der Titanen unter seine Kontrolle gebracht hatte, beschenkt Pandora die Menschen mit den Gütern der Erde und der Natur. Diese freilich konnten von den patriarchal denkenden Griechen nur negativ interpretiert werden.

Die Olympier und an ihrer Spitze Zeus etablierten ihre Herrschaft auf Kosten des älteren Titanengeschlechts. Im Zuge dessen wurden die urtümlichen titanischen Eigenschaften in dem Sinne gezähmt, dass sie den griechischen Idealen von »Kultur« entsprachen. Diese

Kultur war die Domäne der Männer und wurde stets im Gegensatz zur ebenso einseitig stilisierten »Natur« definiert, die wiederum die Sache der Frauen war. Aus dieser Ideologie ergab sich aber für das griechische und in zugespitzter Form insbesondere für das athenische Patriarchat ein entscheidendes Problem, nämlich die Fortpflanzung, die ohne Frauen und ohne die Natur nicht bewerkstelligt werden konnte. Schon Zeus selber, von Gaia aufgezogen, wurde mit dem Problem der Mutterschaft konfrontiert. Seinen Vater Kronos konnte er überwinden und ihm die Herrschaft abnehmen, aber die weibliche Genealogie der Mütter und Töchter musste ebenfalls unterbrochen werden, um sein Regiment zu stabilisieren. Im Laufe von Hesiods Erzählung in der *Theogonie* verliert Gaia fast unmerklich ihre Bedeutung; ausdrücklich bestätigt aber wird die Macht der Titanin Hekate, der Zeus das Attribut *kourotrophos* (streitbare Männer ernährend) verleiht. Damit nimmt Hekate statt Gaia an erster Stelle die Rolle der den Nachwuchs hegenden Göttin ein, mit dem entscheidenden Unterschied, dass sie selbst nicht die leibliche Mutter ist. Leibliche Mutterschaft wurde unter den von Zeus eingesetzten Göttinnen einzig seiner Frau Hera und seiner Schwester Demeter zugestanden, und auch in diesem Zusammenhang ist auffällig, dass die eigenen Kinder des Zeus hauptsächlich von sterblichen Partnerinnen stammen. Die von ihm schwangere Titanin Metis verschlang der Göttervater, um die Geburt eines stärkeren und klügeren Nachfahren zu verhindern. Indem er so die Mutterschaft der Metis verhinderte und die Göttin Athene dann selbst gebar, erhielt Zeus die treueste Wächterin über die durch ihn eingesetzte patriarchale Ordnung. Davon, dass die Verbindung zwischen Müttern und Töchtern als potentielle Gefahr angesehen wurde, zeugt die Geschichte von Demeter und Persephone.

Pandora nun wurde aus Erde geformt und nicht geboren, sie hatte also keine eigene Mutter. Ebensowenig hat sie eine genealogische Verbindung zur Götterwelt. Mit der ihr eigenen Fähigkeit zur Mutterschaft, auf die die griechischen Väter anders als ihr Gott Zeus nun einmal nicht verzichten konnten, brachte Pandora alle Gefahren und Unwägbarkeiten mit sich, die von der griechischen Männerwelt gefürchtet wurden.

Während wir über historische Frauen im klassischen Athen und deren tatsächliche Widerstände gegen die ihnen auferlegten Repressionen kaum etwas wissen, ist die griechische und speziell die attische Mythologie von zahlreichen weiblichen Gestalten bevölkert, die durch Leidenschaft, Raserei und Mordlust die vom griechischen Patriarchat erdachte Frauenrolle auf den Kopf stellten und die männliche Ordnung bedrohten oder sogar zerstörten. Diese »bösen« Frauen zeichnen sich durch einen starken Eigenwillen aus, der sie und mit ihnen ihre Familien unweigerlich ins Verderben führt. Besonders eindringlich sind die Geschichten von Phädra, Klytämnestra und Medea.

Phädra, »die Glänzende«, war die Tochter des legendären kretischen Königs Minos und seiner Frau Pasiphae. Ihr Bruder Deukalion verheiratete sie mit dem Athener Theseus, obwohl dieser bereits seine andere Schwester, Ariadne, betrogen hatte. Und dies, obwohl Theseus ihr den sicheren Rückweg aus dem Labyrinth des Minotauros zu verdanken hatte. In Athen aber verliebte sich Phädra in Hippolytos, den Sohn Theseus' mit der Amazone Hippolyte, den sie bei einer Mysterieneinweihung sah. Hippolytos lebte nicht in Athen, sondern bei seinem Großvater in der Argolis. Er war ein großer Verehrer der Göttin Artemis, und nach ihrer Art liebte er die Einsamkeit der Wälder und führte ein Leben in Keuschheit. Als Phädra sich zusammen mit Theseus in Trozen in der Argolis aufhält, übernimmt es ihre Amme, Hippolytos über den Zustand seiner Stiefmutter zu unterrichten. Der reagiert entsetzt, und Phädra nimmt sich das Leben, aber nicht ohne auf einem Schreibtäfelchen Hippolytos zu beschuldigen, dass er sie verführt und enthehrt habe. Als Theseus die Tote mit dem Schreibtäfelchen in der Hand findet, verweist er seinen Sohn des Landes. Er gibt ihm keine Gelegenheit, sich zu rechtfertigen, sondern bittet seinen Vater Poseidon, Hippolytos zu töten. Poseidon schickt ein Meerungeheuer, vor dem die Pferde des Hippolytos so erschrecken, dass jener schwer verunglückt. Noch während er stirbt, erscheint Artemis und klärt Theseus über den tatsächlichen Hergang auf.

Nach Darstellung des Euripides, der die meisten Sagenstoffe um tragisch-dämonische Frauen gestaltet hat, ist Phädra ebenso unschuldig am Geschehen wie Hippolytos, denn die unglückliche Liebesgeschichte wird von der Göttin Aphrodite eingefädelt, die Hippolytos seine Bevorzugung der Artemis und seine verächtliche Einstellung zur Erotik verübelt. Phädra ist insofern nur Aphrodites Werkzeug, wobei es bezeichnend bleibt, dass die Göttin sich einer sterblichen *Frau* und damit der im griechischen Verständnis besonderen Konstitution der Frau schlechthin bedient, um ihr Intrigenwerk Gestalt annehmen zu lassen. Mit Phädra statuierten griechische Literaten ein eindrucksvolles Exempel dafür, dass der Wunsch einer Frau nach erfüllter Liebe allen Beteiligten einschließlich ihr selbst nur Unheil bringen konnte. Interessant ist der Vergleich der Phädra-Geschichte zum Los der trojanischen Prinzessin Kassandra, die der Gott Apollon nun gerade dafür bestraft, dass sie seine Werbung verschmäht. Apoll verlieh Kassandra die seinem göttlichen Zuständigkeitsbereich zugeordnete Sehergabe, verbunden jedoch mit dem Fluch, dass niemand ihre Unheilsprophezeihungen ernst nehmen würde. Frauen, die sich mit oder ohne eigene Schuld in Liebesangelegenheiten verstrickten, wurden also in der griechischen Mythologie ein Opfer besonders unglücklicher Umstände.

Während Phädra nichts anderes übrig blieb, als sich in das von Aphrodite verhängte Schicksal zu ergeben, schrieben unterschiedliche Traditionen Klytämnestra und mehr noch der berüchtigten Medea einen dämonischen Charakter zu. Beide sind nicht nur Opfer, sondern auch selbstbestimmte Akteurinnen des Verderbens ihrer Familien.

Klytämnestra war eine Prinzessin aus Sparta. Sie heiratete Tantalos und wurde damit in dessen tragische Familiengeschichte hineingezogen. Tantalos, der Sohn des Thyestes, geriet mit seinem Bruder Atreus in unversöhnliche Feindschaft. Beide Brüder waren von ihrem Vater Pelops aus dessen Reich Pisa in Elis (das dieser übrigens durch Heirat mit Hippodamia erworben hatte – ein Beispiel für die matrilinearen Strukturen im mykenischen Griechenland) verbannt worden. Daraufhin gingen sie nach Mykene, wo ihnen König Sthenelos die Herrschaft über die Stadt Midea gab. Atreus machte die aus dem kretischen Königshaus stammende Aerope, die in Mykene versklavt worden war, zu seiner Frau und hatte mit ihr zwei Kinder, Agamemnon und Menelaos. Dann aber verliebte sich Aerope in Atreus' Bruder Thyestes. Durch einen Betrug verhalf sie diesem zum Königtum, nachdem Sthenelaos und auch dessen erster Erbe Eurystheus gestorben waren. Atreus konnte es ihm dennoch bald wieder entreißen, indem er das Wunder vollbrachte, den Lauf der Sonne zu ändern, und damit Thyestes vor den Göttern ausstach. In der Folge zeugte Thyestes mit seiner eigenen Tochter Pelopia ein Kind, Ägisthos. Die Mutter setzte es aus und es wurde von Atreus' Leuten gefunden und an seinem Hof großgezogen. Thyestes wurde von Atreus' Söhnen Agamemnon und Menelaos aufgegriffen und in Mykene ins Gefängnis gesteckt. Atreus trug Ägisthos auf, Thyestes zu töten. Die beiden entdeckten jedoch rechtzeitig, dass sie Vater und Sohn waren. Thyestes konnte fliehen, und Ägisthos tötete statt seiner den Atreus. In diese Konstellation, in der Thyestes' Sohn Tantalos, ihr erster Sohn, nur eine Nebenrolle spielte, geriet Klytämnestra. Tantalos und Klytämnestras Säugling wurden von Agamemnon erschlagen. Danach zwang er sie, seine Frau zu werden. Klytämnestra und Agamemnon hatten zusammen vier Kinder: Iphigenie, Elektra, Chrysothemis und Orestes. Im Zuge der Kampfhandlungen, die Agamemnon auf griechischer Seite gegen Troja anführte, opferte er seine älteste Tochter Iphigenie der Göttin Artemis (siehe dazu Kapitel 7), damit sie ihm günstigen Fahrtwind gewährte. Nach der Darstellung des Aischylos war dies der Anlass für Klytämnestra, ihrem Gatten die Treue zu brechen und sich Ägisthos zuzuwenden, also dem von Thyestes und Pelopia im Inzest gezeugten Sohn, der Agamemnons Vater Atreus erschlagen hatte.

Klytämnestra, die auf Rache für die Opferung ihrer Tochter sann und mit ihrem Geliebten ungestört sein wollte, schmiedete also ein Komplott gegen Agamemnon, der in der Folge von Ägisthos ermordet wurde, während sie selbst seine Konkubine Kassandra, die trojanische Prinzessin und Seherin, erschlug. Sophokles verstärkt noch die dämonischen Züge Klytämnestras, indem er ihr heimtückische Pläne gegen den eigenen Sohn Orestes andichtet, den sie ebenfalls umzubringen getrachtet haben soll. Stattdessen wurde sie selbst, ebenso wie Ägisthos, von Orestes getötet. Orestes rächte damit den Mord an seinem Vater Agamemnon, musste aber noch viele Jahre für die Bluttat an seiner Mutter büßen, um sich von dem auf der Familie lastenden Fluch zu reinigen.

Bei der unsterblichen Heroine Medea, deren Name »die Wissende« bedeutet, besteht die begründete Annahme, dass sie ursprünglich eine der Hekate verwandte Göttin gewesen ist. Noch spätere Überlieferungen kennen sie als ihre Tochter. Die mächtige Zauberin Kirke, die bei Homer als Göttin bezeichnet wird, ist nach den verschiedenen Traditionen entweder eine Schwester oder eine Tante von Medea. Medea selber tritt hauptsächlich als Helferin der Argonauten in Erscheinung; erst die klassische Tragödie sieht in ihr in erster Linie eine eifersüchtige und verwandtenmordende Liebende und Ehefrau. In Korinth besaßen Medea und ihre Kinder einen eigenen Kult. Medea befindet sich hier im Umkreis der Göttinnen Hera und Aphrodite, deren korinthische Tempel sie gegründet haben soll. Nach einer korinthischen Erzählung verweigerte Medea sich Zeus, der sich in sie verliebt hatte. Als Dank versprach ihr Hera, ihre Kinder unsterblich zu machen, was sie dann aber aus ungeklärten Gründen nicht einhielt.

Nach der Argonautensage ist Medea die Tochter des Königs Aietes von Kolchis am südöstlichen Ende des Schwarzen Meeres. Aietes war ein Sohn des Sonnengottes Helios mit der Okeanide Perseis. Der bekannte Mythenforscher Kerény betonte Medeas Beziehung zur Sonne als Enkelin des Helios und erkannte in ihr eine alte Gestirnsgöttin, was Medeas Macht erklärt, die sie vor anderen »bösen Frauen« auszeichnet. Ihrem ursprünglichen Status als Göttin entspricht, dass Medea anders als Phädra und Klytämnestra durch ihr Fehlverhalten im Sinne der griechischen Moral und durch ihre Untaten nicht selbst zu Schaden kommt, sondern über ihren Gatten triumphiert und ihn verhöhnt. Sie ist die einzige Heroine, die den sie betrügenden Heros wirklich besiegt, wenn auch um den Preis ihrer gemeinsamen Kinder, die von ihr ermordet werden. Im Hinblick auf ihre Funktion in der Argonautensage ist aber auch die mütterliche Abstammungslinie interessant. Die Okeaniden unterstützten Apollon bei der Erziehung der jungen Männer, und genau dies scheint die Rolle der von ihnen abstammenden Medea bei der Unterstützung Jasons zu sein. Jason wiederum, der Held des Goldenen Vlieses, war ein besonderer Liebling Heras, der, wie bereits erwähnt, die korinthische Medea nahe stand.

Medea ist Jason in ihrer Heimat Kolchis erstmals begegnet, wohin dieser kam, um das Goldene Vlies zu holen, das Fell des fliegenden Widders, auf dem Phrixos und Helle, die Kinder des Königs von Orchomenos, vor ihrer Stiefmutter Ino aus Böotien flohen. Trotz seiner strah-

lenden Erscheinung, die durch die Tradition hervorgehoben wird, spielt Jason bei der Ausführung seines Pla-
nes eine merkwürdig passive Rolle. Bereits auf der See-
fahrt der Argonauten tritt er nicht besonders in
Erscheinung. Auch den Drachen, der das Goldene Vlies
bewachte, konnte er nur überwinden, weil die Zauber-
künste seiner Helferin jenen einschläferten und er dann
das an einer Eiche aufgehängte Fell nur einfach an sich
zu nehmen brauchte. Danach fuhren die Argonauten
gen Heimat, und Medea schnitt ihren Bruder in Stücke,
damit seine Wiederzusammensetzung die Verfolger auf-
halten solle. Nach der späteren Version des Apollonios
wurde der bereits erwachsene Bruder Apsyrtos von Jason brutal erschlagen, nachdem ihn Medea in einen
Hinterhalt gelockt hatte. Schließlich heirateten Jason
und Medea auf der sagenhaften Phäakeninsel in der
Höhle der Nymphe Makris. Auf ihrer Weiterreise kamen
sie nach Kreta, wo Medea den gefährlichen Riesen Talos
unschädlich machte, und besuchten dann ihre mächtige Verwandte Kirke auf der Insel Aiaia. Apollonius
zufolge entsühnte Kirke die beiden für den Mord an
Apsyrtos, verfluchte sie aber gleich darauf, als sie die genauen Umstände der Tat erfuhr. Endlich kehrten die Argonauten in Jasons Heimat Jolkos zurück. Dort hatte
sein Onkel Pelias den Thron seines Vaters Aison okku-
piert. Jason übergab ihm das Goldene Vlies, erhielt aber
trotzdem nicht die ihm zustehende Herrschaft. Die zau-
berkundige Medea verjüngte Aison, indem sie seinen
Körper zerschnitt und in einem goldenen Kessel koch-
te, aus dem er lebendig wieder hervorsprang. Den Töchtern des Usurpators Pelias bot sie an, dasselbe zu tun
und machte ihnen das Kunststück mit einem Widder
vor. Also zerschnitten die Mädchen ihren Vater und

kochten ihn, aber er wurde unter ihren Händen nie wieder lebendig. Am Thron von Jolkos aber hatte Jason nun seltsamerweise gar kein Interesse und überließ ihn freiwillig Pelias' Sohn Akastos. Jason und Medea zogen fort nach Korinth. Dieser merkwürdige Gang der Handlung erklärt sich sehr wahrscheinlich aus dem Umstand, dass an dieser Stelle zwei ursprünglich verschiedene und unzusammenhängende Medea-Überlieferungen, eine thessalische und eine korinthische, miteinander verbunden wurden. Für den korinthischen Teil sind nochmals zwei Traditionsschichten voneinander zu trennen. Die frühere dreht sich um die Kinder der Medea, deren Zahl variiert und die in Korinth kultisch verehrt wurden. Sie sollen sich entweder vor der Verfolgung, die sie und ihre Mutter von Seiten der die Zauberin fürchtenden Korinther traf, in Heras Tempel geflüchtet haben und dort ermordet worden sein, oder sie wurden von Kreon getötet, der die Schuld dann auf Medea schob.

In Korinth sollen Jason und Medea mehrere Jahre glücklich miteinander gelebt haben. Sie bekamen zwei Kinder. Nach der klassischen Bearbeitung des korinthischen Medea-Stoffes verstieß Jason später jedoch Medea, um Kreusa, die Tochter des korinthischen Königs Kreon zu heiraten. Medea rächte sich, indem sie Kreusa ein prächtiges Gewand schickte, aus dem Funken schlugen, sobald sie es anzog, sodass die Prinzessin verbrannte. Danach ermordete Medea ihre und Jasons gemeinsame Kinder, um ihn nochmals für seine Untreue zu strafen. Mit dem Drachenwagen des Helios, ihres Großvaters, der in Korinth besonders verehrt wurde, fuhr Medea davon, begrub ihre Kinder in Heras Heiligtum auf der korinthischen Akropolis und soll sich dann zu König Aigeos nach Athen begeben haben. Ihn heiratete sie und bekam einen Sohn namens Medos. Einige Jahre später kam Aigeos' älterer Sohn Theseus nach Athen zurück und erhob Anspruch auf die Nachfolge auf den attischen Thron, ohne dass sein Vater erkannte, wer er war. Medea versuchte, Theseus auszuschalten, indem sie ihn erst in Marathon gegen den Stier Minotauros kämpfen ließ und ihm dann, nachdem er dies unversehrt überstanden hatte, vergifteten Wein zu trinken gab. Schließlich erkannte Aigeos Theseus an einem Zeichen, das dieser von seiner Mutter Aithra erhalten hatte, und jagte Meda davon.

Sie ging wieder nach Kolchis, wo Perses unrechtmäßig den Thron bestiegen hatte. Mit List und Gewalt brachte Medea dort ihren Sohn Medos an die Macht, nach dem das Volk der Meder benannt worden sein soll. Als Stammmutter eines zum mächtigen Perserreich gehörigen Volkes rückt Medea auch in einen interessanten politischen Gegensatz zu Athen und seinem Nationalhelden Theseus, dessen Aufstieg sie schon frühzeitig zu verhindern suchte.

Die Sagenstoffe um Frauengestalten wie Phädra, Klytämnestra und Medea müssen eine beträchtliche Wirkung entfaltet haben, wenn sie im Rahmen der Dionysia in Athen auf die Bühne gebracht wurden. Ihre Rollen zeigten den Athenern, wohin die entfesselten Leidenschaften von Frauen ihre Familien führen konnten und bestärkten sie dadurch in der Auffassung, dass ihr strenges patriarchales Regiment, das Frauen in jeder Hinsicht um emotionale Entfaltung bringen sollte, dem familiär-gesellschaftlichen Chaos vorbeugte.

Eine ähnliche Funktion erfüllte der Mythos der Amazo-nomachia, der Schlacht, die Theseus gegen das Frauen-volk der Amazonen führte und am Ende gewann. So bewahrte er die Polis Athen vor einer Herrschaft der Frauen, die mit Männern ähnlich rigide umgingen wie Athen mit seiner weiblichen Bevölkerung. Wie vor allem Strabo und Diodor berichten, waren die Amazonen in Kleinasien angesiedelte kriegerische Frauen, die sich einmal im Jahr mit Männern eines benachbarten Volkes zusammentaten, um für Nachwuchs zu sorgen. Jungen wurden nach der Geburt den Vätern überstellt oder getötet, Mädchen dagegen zu Kriegerinnen erzogen. Die Historizität der Amazonen ist umstritten. Neuere Interpretationen der antiken Berichte konzentrieren sich auf die Funktion des Mythos über die Amazonen in der und für die patriarchale und nationale Ideologie der Athener. Danach repräsentierten die Amazonen alles, was die athenische Ordnung potentiell oder tatsächlich bedrohte. Die Bedrohung von innen wurde als Ausbruch der Frauen aus der für sie vorgesehenen Rolle thematisiert; die Bedrohung von außen war in erster Linie die durch die Perser. Auf griechischen Darstellungen tragen die Amazonen häufig die typisch persischen Hosen. Auch ihre leichte Bewaffnung, die die Historiographen hervorheben, entspricht den Erfahrungen der Griechen im Kampf gegen den Erzfeind, der bei den Thermopylen ihre weniger mobilen Hopliten in arge Bedrängnis gebracht und als Folge des Sieges in der Doppelschlacht Athen eingenommen hatte.

Auch die persischen Frauen standen bei den Athenern in einem besonderen, wie jüngst nachgewiesen wurde (Brosius 1996), falschen Ruf. Wichtige Topoi der Auseinandersetzung mit den Verhältnissen im Iran waren in der griechischen Literatur inzestuöse Familienverhältnisse und der große politische Einfluss der Frauen am persischen Hof, Zustände also, die man in Griechenland immer wieder als große Gefahr heraufbeschwor und die zusammen mit dem Despotismus der persischen Könige zum Inbegriff einer »orientalischen Dekadenz« stilisiert wurden.

Obwohl es unbestreitbar ist, dass alle möglichen Eindrücke von Fremdvölkern in den griechischen Amazonenmythos mit aufgenommen wurden, ist es keineswegs ausgeschlossen, dass es sich dabei um ein Zerrbild handelt, das das patriarchale Bewusstsein aus der Begegnung mit konkreten »matriarchalen« Gesellschaften gewann. Die umstrittene Bezeichnung »Matriarchat« ist die lateinische Übersetzung des griechischen Wortes *gynaikokratia*, das wörtlich »Frauenherrschaft« bedeutet. Bereits mit dieser Vokabel, die von einigen Mythenforschern des 19. Jahrhunderts, insbesondere von Bachofen, bereitwillig aufgenommen wurde, liegt sehr wahrscheinlich eine patriarchale Verfälschung vorpatriarchaler historischer Verhältnisse zugrunde. Es ist insofern bedauerlich, dass der Begriff »Matriarchat« Eingang in den heutigen feministischen Diskurs gefunden hat und zwischen den Vertreterinnen historischer Frauenforschung unnötige Fronten aufbaut. Auch diejenigen Historikerinnen, die den Matriarchatsbegriff verwenden, betonen, dass es sich bei der gemeinten Gesellschaftsform eben nicht um »Herrschaft von Frauen« im selben Sinn wie bei der patriarchalen »Herrschaft der Männer« gehandelt hat. Sehr viel wahrscheinlicher ist eine Symmetrie der Geschlechter, das heißt ihre ideologische Gleichwertigkeit in der Werteordnung der vorpatriarchalen Gesellschaften. Da umgekehrt das griechische patriarchale Wertesystem auf der entgegengesetzten Überzeugung beruhte – dass eine Gleichwertigkeit von Männern und Frauen oder auch ein geringerer Grad der Ausdifferenzierung zwischen dem, was speziell die attische Kultur als »männlich« und als »weiblich« definierte, zu Chaos in den Familien und schließlich zum Zusammenbruch ihrer bürgerlichen Gesellschaft führen müsse – ist ihr Unbehagen angesichts der Konfrontation mit einem anderen Verständnis der Dinge nachvollziehbar. Der Amazonenmythos diente vor allem der Abgrenzung der Athener von anderen möglichen Gesllschaftsformen, ihrer Selbstdefinition, Selbstdarstellung und Selbstrechtfertigung.

Die hauptsächliche Rolle der Amazonen besteht in den mit ihnen verbundenen Sagenstoffen darin, dass sie die Griechen und speziell die Athener bedrohen, schließlich aber von ihnen besiegt und auf besonders brutale Weise erschlagen werden. Bereits in Homers *Ilias* sind die Amazonen präsent und kämpfen bezeichnenderweise auf der Seite der Trojaner. Die Verbindung kam dadurch zustande, dass der trojanische König Priamos, der in seiner Jugend selbst gegen die Amazonen gekämpft hatte, die Amazonenkönigin Penthesilea von ihrer durch die versehentliche Tötung einer Verwandten entstandenen Blutschuld gereinigt hatte. So eilte sie den Seinen mit ihrem Heer zu Hilfe, und viele Griechen fanden den Tod durch die Hand der Amazonen. Penthesilea aber fiel durch die Lanze des Achill. Er übergab ihre Leiche den Trojanern zur Bestattung, was später so interpretiert wurde, dass er sich in die Amazone verliebt hätte. Diese alte Überlieferung lässt erkennen, dass die Griechen der früheren Zeit den Amazonen durchaus eine gewisse Achtung zollten, indem sie sie als ebenbürtige Kämpferinnen anerkannten.

Ähnlich ist die Begegnung des dorischen Helden Herakles mit der Amazonenkönigin Hippolyte, Penthesileas Schwester, trotz aller Gegensätze auch von wechselseitiger Sympathie gezeichnet. So kannte der alexandrinische Bibliothekar Erathostenes eine Version des Mythos, nach der Hippolyte Herakles ihren Gürtel, den er für die argolische Prinzessin Admete holen sollte, sogar schenken wollte. Dann aber brachte Hera, um Herakles zu behindern, die Amazonen gegen ihn und seine Leute auf, sodass es zu einer Schlacht kam, in deren Verlauf Herakles Hippolyte tötete und ihren Gürtel an sich nahm. Jüngere Traditionen schrieben diese Heldentat dann Theseus zu, der zum Gefolge des Herakles gehört haben soll. Theseus allerdings brachte Hippolyte nicht um, sondern nahm entweder sie selbst oder Antiope gefangen, führte sie heim und zwang sie, seine Frau zu werden. In der athenischen Überlieferung hat sich diese Geschichte völlig vom Sagenkreis um Herakles gelöst und insofern verändert, als Theseus einen eigenen Feldzug gegen die Amazonen von Themiskyra am Schwarzen Meer geführt haben soll. Eine Version gibt davon kund, dass sein Schiff von einer Amazone mit Freundschaftsgaben willkommen geheißen wurde. Theseus bat sie an Bord und segelte dann einfach mit ihr davon. Die aufgebrachten Amazonen verfolgten ihn daraufhin bis nach Attika, und so kam es zu der berühmten, auf dem Parthenon verewigten Amazonomachia in Athen zwischen Pnyx und Akropolis, aus der Theseus als strahlender Sieger hervorging. Der Hergang der Geschichte veranschaulicht die Aggressivität der Athener auf ihrem Weg zur griechischen Hegemonie.

Die Amazonen verehrten zwei alte Gottheiten, die auch bei den Griechen in hohem Rang standen: den Kriegsgott Ares, der ihr Stammvater gewesen sein soll, und ganz besonders die ephesische Artemis. Auch mit der kleinasiatischen Göttin Kybele wurden die Amazonen in Verbindung gebracht. Sie verbanden dadurch Zuständigkeitsbereiche, die die patriarchale griechische Kultur und Religion sorgsam zu trennen wussten: Kriegstüchtigkeit, für die bei den Griechen Athene stand, Erotik, die Domäne der Aphrodite, und chthonische Fruchtbarkeit, von der einige Aspekte noch bei der griechischen Artemis zu finden waren. Damit boten die Amazonen auch hinsichtlich ihrer Religiosität das Gegenbild zu den Griechen und ihrer Zivilisation.

Kapitel 7

Mädcheninitiationen

Eine Frau in dem für sie gültigen Sinne des Wortes *gyné* konnte im Alten Griechenland nichts anderes sein als eine Ehefrau und Mutter. Dieses war der einzige Stand, der eine Person weiblichen Geschlechts in die Normen der klassischen Stadtstaaten integrierbar machte, der sie vom »Draußen« der Natur in das »Drinnen« der griechischen Zivilisation hineinholte. Den Übergang, der wegen der Beschaffenheit des weiblichen Körpers und Charakters freilich nie ein endgültiger sein konnte, markierten Initiationsriten. Sie führten ein Mädchen in verschiedene Aspekte des Frau-Seins ein, wobei augenscheinlich die Erotik einerseits und typische weibliche Arbeiten andererseits als die wichtigsten verstanden wurden. Es wird vermutet, dass solche Rituale in alte Zeiten zurückreichen, in denen die Griechen oder bereits die vorgriechischen Einwohner des Landes stammesgesellschaftlich organisiert waren und bestimmte Altersgruppen sich geschlossen einer bestimmten Behandlung unterzogen bzw. gemeinsame Zeremonien begingen. In klassischer Zeit wurden diese Handlungen, zumindest soweit die schriftlichen Quellen Auskunft geben, nur noch in einer eher exemplarischen Weise durchgeführt. Nur wenige Mädchen wurden, wahrscheinlich auf Grund ihrer Herkunft aus alteingesessenen, traditionsreichen Familien, ausgewählt, eine Initiation zu durchlaufen.

Initiationsriten müssen in früher Zeit zahlreich gewesen sein, aber nur wenige konnten bisher von der Forschung rekonstruiert werden. Da im klassischen Griechenland nur eine elitäre kleine Gruppe an den Einweihungszeremonien teilhatte, liegt die Vermutung nahe, dass es sich nicht um eine Angelegenheit der gesamten Gesellschaft handelte, wie bei Initiationsfesten Stammeskulturen heutiger sogenannter primitiver Völker, sondern dass sich stattdessen temporär bedeutsame Geheimbünde bildeten, die den Initiationen einen Mysteriencharakter verliehen. Tatsächlich wird allgemein angenommen, dass die antiken Mysterienreligionen aus alten Initiationsritualen entstanden sind.

In den bürgerlichen Polisgesellschaften oblag die Erziehung der Jugend im allgemeinen den stadtstaatlichen Einrichtungen oder war Privatangelegenheit der einzelnen Familienoberhäupter; die Relikte alter Initiationsrituale stehen zu den Prinzipien der Polis eigentlich im Widerspruch. Es handelte sich bei ihnen um ein Privileg der Adelsklasse, die keine politische Macht mehr hatte, aber trotzdem wohl noch ein gewisses Ansehen genoss.

Sowohl die Mädchen ganz allgemein als auch die von ihnen vollzogenen besonderen Rituale, deren Funktion die Beendigung der Mädchenzeit war, standen in einer engen Beziehung zu der Göttin Artemis. Artemis war für die Griechen die Repräsentantin der Natur und des »Draußen« schlechthin, aber auch alle lebenserneuernden Prozesse, die eng mit den Frauen und den weiblichen Zyklen zusammenhingen, waren ihre Domäne. In diesem offensichtlichen Widerspruch spiegeln sich die ideologischen Ungereimtheiten des griechischen Patriarchats, das die Frau als eine Art Fremdkörper in seiner Zivilisation betrachtete, gleichzeitig aber ihrer regenerativen Fähigkeiten bedurfte und diese wiederum teilweise bestritt. Mädchen wurden, wie bereits in Kapitel 4 erwähnt, weil sie in den Kategorien der griechischen Geschlechterordnung nicht eindeutig definiert werden konnten, in noch stärkerem Maße als Frauen in dem Bereich der wilden, ungezähmten Natur angesiedelt. Ihre mit den Initiationsriten vorgenommene Überführung in den Stand einer verheirateten Frau bedeutete gleichsam die Verwandlung eines Naturwesens in ein – wenn auch deutlich unterprivilegiertes – Mitglied der menschlichen Gesellschaft.

Auf der mythischen Ebene wurde ein Mädchen an der Schwelle zur Frau-Werdung im Bild der Nymphe symbolisiert. *Numfé* heißt wörtlich »Braut«; allerdings zog Kerény es vor, den Namen so zu deuten: »Das Wort *nymphe* bedeutet ein weibliches Wesen, durch das ein Mann zum *nymphios*, das heißt zum glücklichen, am Ziel seiner Männlichkeit angelangten Bräutigam wird« (Bd. 1, S. 141). Nymphen gehörten als Bewohnerinnen von Bergen, Bäumen und Quellen zum Gefolge der Artemis. Bei einigen ihrer Dienerinnen wachte die Göttin eifersüchtig über deren Keuschheit, was nichts daran änderte, dass sie Männern, göttlichen wie sterblichen, durchaus begehrenswert erschienen. Bekannt ist die in vielen Varianten überlieferte Geschichte der Kallisto, die sich von Zeus verführen ließ und daraufhin von Artemis in eine Bärin verwandelt wurde. Hier klingt das Thema der *Arkteia* an, einer Mädcheninitiation in Brauron an der Ostküste von Attika, während der die Initiandinnen für eine Zeit lang als »Bärinnen« (*arktoi*) im Dienst der Artemis Brauronia standen.

Attische Überlieferungen erzählten allerdings im Zusammenhang dieses Fests einen anderen Kult-Mythos: Eine Bärin kam zum Schrein der Artemis Brauronia und wurde von den Athenern getötet. Daraufhin wurden sie von einer Hungersnot geplagt. Ein Orakel teilte den Athenern mit, einer von ihnen müsse seine Tochter am Schrein der Artemis opfern, um die Göttin zu versöhnen. Embaros erklärte sich zum Schein dazu bereit, opferte aber eine Ziege in den Kleidern seiner Tochter und hielt letztere währenddessen im Adyton (d. h. im innersten Heiligtum) des Tempels versteckt.

In Brauron selbst gab es noch eine andere Geschichte: Eine wilde Bärin wurde in der Deme Philaidai, wo Brauron lag, gezähmt und lebte mit den Menschen. Ein Mädchen ärgerte sie und wurde von ihr gekratzt, woraufhin der Bruder des Mädchens die Bärin tötete. Eine Plage kam über Athen, und ein Orakel ordnete an, dass kein Mädchen mehr verheiratet werden sollte, ohne vorher für Artemis das Bärenritual vollzogen zu haben. Worin dieses eigentlich bestand, ist nach den wenigen und unzusammenhängenden Quellen nicht ganz klar. Es scheint sich um eine Zeit des Altardienstes für Artemis gehandelt zu haben, an dessen Ende eine Ziege geopfert wurde. Zum Tempeldienst selber, dessen Dauer nicht mehr rekonstruiert werden kann, gehörten regelmäßige Trankopfer und das Weben und Spinnen von Kleidungsstücken, wahrscheinlich von Kinderkleidung, was zu Artemis Brauronia als Schutzgöttin der Geburten passen würde. Die Mädchen bereiteten sich auf ihre Aufgaben als verheiratete Frauen und Mütter vor und beschwichtigten gleichzeitig mit ihrem Dienst die Göttin Artemis über den Verlust einer Bärin – wohl ein Symbol des Mädchens selbst, das durch die Verheiratung seine Wildheit ablegen und der Zivilisation »geopfert« würde. An dieser Stelle erklärt sich auch die auffallende Opfersymbolik bei griechischen Hochzeitsbräuchen. Kenneth Dowden (1989), der die Spuren alter Mädcheninitiationsriten in der griechischen Mythologie untersucht hat, ist der Auffassung, dass ein Mythos das Ablegen einer Lebensweise zum Zweck der Annahme einer neuen nur im Bild des Todes darstellen kann. Das häufig auftretende Motiv der Opferung und des Todes eines Mädchens in griechischen Mythen war demnach eine ihrer bildlichen Darstellungsweise geschuldete Überinterpretation der Initiationserfahrung.

Menschen- bzw. Mädchenopfer spielen in der Mythologie der Artemis immer wieder eine Rolle. Der Prototyp eines solchen Opfers ist Iphigenie, die Tochter Agamemnons und Klytämnetras, deren Geschichte noch Goethe zu dem bekannten Drama inspirierte. Iphigenie ist eine vielschichtige Gestalt. Pausanias bringt sie mit Artemis und mit Hekate in Verbindung. Dafür spricht einiges, denn im Artemistempel von Aigeira soll sich ein altes Kultbild der Iphigenie befunden haben, das darauf hindeuten könnte, dass Iphigenie als Göttin sogar noch älter ist als Artemis selbst. In der Nähe des Tempels der Artemis Brauronia besaß Iphigenie ein Grabheiligtum. Sie empfing als Opfer die Kleider von Frauen, die im Kindbett gestorben waren. Herodot meint, Iphigenie sei mit einer auf der Krim verehrten Göttin Parthenos (!) identisch. Nach Aischylos hatte sich der mykenische König Agamemnon gemeinsam mit seinem Bruder Menelaos gegen Artemis vergangen, indem er auf besonders grausame Weise eine trächtige Häsin tötete, und musste zur Versöhnung der Göttin seine Tochter Iphigenie opfern. In Homers *Ilias* hingegen ist keine Rede von einer Opferung Iphigenies; stattdessen bietet Agamemnon seinem Gefährten Achilleus an, eine seiner drei Töchter zu heiraten. Damit bestätigt sich erneut die Austauschbarkeit der Heirats- und der Opfersymbolik. Über das tatsächliche Schicksal der Iphigenie, nachdem sie bereits zum Opferaltar geführt worden war, gibt es nochmals unterschiedliche Traditionen. Mit Aischylos sind einige der Auffassung, dass sie auf die vorgesehene Weise ums Leben kam. Euripides verarbeitete hingegen in seinen Dramen eine andere Version, nach der Artemis im letzten Augenblick an ihrer Stelle eine Hindin opfern ließ und Iphigenie zu den Tauriern auf der Krim entrückte. Dort soll sie, ebenfalls nach Euripides, Priesterin eines Tempels geworden sein, in dem man der Artemis Menschenopfer darbrachte.

Obwohl Iphigenie ursprünglich sehr wahrscheinlich sogar mit Artemis identisch gewesen ist, stilisierte die Literatur seit Euripides ihre Gestalt zur Überwinderin eines in barbarische Gegenden verlegten Opferritus' zugunsten des griechischen Humanitätsideals. Der Kult in Brauron spricht jedoch eine ganz andere Sprache: Die sinnbildliche Opferung der Mädchen beschwichtigt einerseits Artemis, die ein Wesen ihrer Sphäre an die bürgerliche Welt des Stadtstaats verliert, andererseits thematisiert sie auch ganz konkrete Opfer, die die Frauen der Gesellschaft brachten: die Unterordnung in der Familie, die häusliche Arbeit und nicht zuletzt den Tod im Kindbett, der in der Antike gang und gäbe war.

Eine weitere Rolle spielte in Brauron sicherlich der in griechischen Frauenriten allgegenwärtige Zusammenhang von Sexualität und Fortpflanzung mit dem Tod.

Deutlich wird dies im Mythos der Koré – ein weiterer Prototyp des Mädchens –, die von Hades entführt wurde, durch das Essen eines Granatapfels seine Frau wurde und sich damit für immer an die Unterwelt band. Dementsprechend ist in der religiösen Erlebniswelt der griechischen Mädchen die Erfahrung der Sexualität immer an die des Todes gekoppelt. Sowenig wie die Jungfräulichkeit der Artemis unzweifelhaft und eindeutig ist, sowenig waren auch die Nymphen als ihre Gefährtinnen der Sexualität grundsätzlich abgeneigt. Dieses zeigt beispielsweise die verführerische Nymphe Kalypso, die sich in Odysseus verliebte und sogar die Macht hatte, ihm Unsterblichkeit zu versprechen, wenn er bei ihr bliebe.

(Odysseus wollte allerdings nach Hause; der Götterbote Hermes musste sich in diesem Sinne für ihn verwenden, damit sie ihn ziehen ließ.)

Eine sexuelle Thematik klingt auch sehr deutlich in den *Arrhephoria* an, den Mädcheninitiationen im Dienst der Athene. Die *arrhephoroi*, jeweils zwei Mädchen im Alter zwischen sieben und elf Jahren, sind die »Träger der heiligen Gegenstände«. In einer nächtlichen Prozession durch einen unterirdischen Gang brachten die beiden nach einer Beschreibung des Pausanias (1,27,4) diese Gegenstände in Körben, die sie auf ihren Köpfen trugen, vom Tempel der Athene Polias zu einem nicht weit entfernten Schrein der Aphrodite, die in diesem Zusammenhang in ihrer Eigenschaft als Gartengöttin auftrat. Nachdem sie ihre Last dort hingebracht hatten, trugen die *arrhephoroi* andere, ebenso eingehüllte Mysterienobjekte von dem Aphrodite-Schrein hinauf zum Athene-Tempel. Pausanias war der Auffassung, dass unter den Beteiligten niemand wusste, was genau sich in den hin- und hergetragenen Körben befand. Die neuere Forschung bringt dagegen das beschriebene Geschehen mit dem Mythos von Erichthonios in Zusammenhang. Der Gründer der Stadt Athen, der einem der Göttin Athene geltenden Annäherungsversuch des Hephaistos entstammte und von der Erde geboren worden war, hatte die Gestalt einer Schlange. Er wurde in einem Korb verhüllt den Töchtern des Königs Kekrops übergeben, die auf ihn aufpassen sollten, dabei aber versprechen mussten, den Korb nicht zu öffnen. Zwei der Mädchen konnten ihre Neugier nicht zähmen. Als sie den Korb öffneten, kroch die Schlange heraus und verängstigte die Schwestern derart, dass eine von ihnen verrückt wurde und sich von der Akropolis stürzte. Nicole Loraux (1993), die sich intensiv mit dem mythologisch gefassten Selbstverständnis der Athener beschäftigt hat, ist der Ansicht, dass es sich in diesen Zusammenhängen bei der Schlange um ein phallisches Symbol handelt, mit dem die männlichen Athener sowohl ihre Virilität, als auch ihre Autochthonie zum Ausdruck brachten. Dass die Kekrops-Töchter die Schlange verwahren sollten ohne von ihr zu wissen, ist für Loraux ein Gleichnis der Behandlung, die die politische Ordnung Athens den Frauen angedeihen ließ. Wenn die Mädchen den Korb öffneten, die Schlange entdeckten und daraufhin von ihr verfolgt wurden, kann dies nur so zu interpretieren sein, dass sie über die Sexualität mit dem »Geheimnis« der männlichen Macht in Berührung kamen. Man muss sich an dieser Stelle fragen, ob nicht die Arrhephoria in ihrer überlieferten klassischen Gestalt auf einer Abwandlung älterer, auf Frauen zentrierter Mythen beruhten. Hinter der

Handlung des Mythos steht deutlich ein Erwachen der Sexualität bei den Initiandinnen. In typischer Manier des athenischen Patriarchats hat sie hier gewalttätige Züge angenommen. In den zu Ehren der Göttin Demeter abgehaltenen Frauenmysterien, die in Kapitel 10 vorgestellt werden, geht es um dieselbe sexuelle Thematik, aber dort fehlt das männliche Element und damit auch die Gewalt. Bezeichnenderweise fanden die Arrhephoria in der glühenden, unfruchtbaren Hitze des mittelmeerischen Hochsommers im Juni/Juli, die Thesmophorien zu Ehren Demeters aber zur Zeit der Getreideaussaat im November statt.

Die Schlange wurde allerdings auch mit Athene Parthenos in Verbindung gebracht, mit dem »Mädchen« oder der »Jungfrau« Athene, deren Kind Erichthonios war, wobei Sexualität in der Gestalt eines Zeugungsaktes und Mutterschaft im biologischen Sinne nicht vorkamen. Die Statue der Athene Parthenos stand im Parthenon, dem zentralen Heiligtum Athens. Sicherlich verkörperte sie, wie überhaupt die ganze Geschichte von der Geburt des Erichthonios, das Ideal der männlichen Athener von einer autarken Regeneration, ohne die Notwendigkeit eines heterosexuellen Aktes. Erichthonios, der als Athenes Kind galt, aber nur von der attischen Erde genährt und geboren worden war, wurde immerhin als Stammvater aller (männlichen) Athener angesehen. Allerdings schimmert auch hier noch eine andere Thematik durch, nämlich die der Doppelgeschlechtlichkeit, die keines männlichen Partners bedarf, um sich als fruchtbar zu erweisen. Der Aspekt der Doppelgeschlechtlichkeit spielt auch in den Frauenmysterien eine große Rolle, sodass sich der Eindruck aufdrängt, Frauenmysterien haben als Vorlage gedient, um den Mythos der patriarchalen Athene umzuinterpretieren.

Wie wir in Kapitel 10 genauer sehen werden, wurden
jedenfalls solche Darstellungen, in denen die offizielle
Ideologie der Polis repräsentiert war, von den Riten griechischer Frauen konterkariert. Man hat bisher noch zu
wenig gefragt, welcher Ritus hier eigentlich das Modell
und welcher eine nach den Bedürfnissen des Patriarchats abgewandelte Variante gewesen ist. Vieles spricht
dafür, dass die mit der Göttin Demeter verbundenen
Frauenriten bis in die neolithische Zeit zurückreichen,
während die attische Mythologie erheblich jünger sein
dürfte.

Die beiden *arrhephoroi*, die das von Pausanias beschriebene geheimnisvolle Ritual ausführten, sollten sicherlich die beiden der Athene ungehorsamen Töchter
des Kekrops darstellen. Sie wurden dazu eigens vom *Archon Basileus* aus den vornehmsten Familien der Stadt
ausgewählt. Diese Zeremonie muss den Höhepunkt der
Arrhephoria gebildet haben, darum gruppiert gab es
noch andere Aktivitäten, über die aber im Einzelnen
noch weniger bekannt ist. Alle vier Jahre wurde im Rahmen der Arrhephoria der Statue der Athene Polias ein
neues Gewand (*peplos*) angelegt. Der *peplos* wurde von
Athener Mädchen, darunter auch den jeweiligen *arrhephoroi*, und Frauen kunstvoll hergestellt, die darin für
die Stadtmythologie maßgebliche Motive einwebten.

Während der Zeit ihres Dienstes an Athene lebten die
arrhephoroi nach einer besonderen Ernährungsweise: Sie
aßen das *anástaton*, eine bestimmte Brotsorte für die
»von ihrem Wohnort Entfernten«. Ferner trugen sie eine vorgeschriebene besondere Kleidung, die sie nach
dieser Zeit wieder ablegten.

In der klassischen Epoche Griechenlands fand die Einweisung der Jugend nicht in erster Linie durch religiöse Rituale statt, sondern in persönlichen und dabei auch körperlich intimen Beziehungen zu erwachsenen Mitgliedern der Gesellschaft. Die entsprechenden Funktionen der so genannten »Dorischen Knabenliebe« sind in mehreren, auch neueren Arbeiten untersucht und dargestellt worden. Auch wenn es sich aufgrund der Quellenlage nicht eindeutig beweisen lässt, spricht vieles dafür, dass es eine ähnliche Institution auch für Mädchen gegeben haben muss. Die unmissverständlichsten Hinweise darauf gibt die Dichterin Sappho von der Insel Lesbos, die allerdings bereits im 7. Jahrhundert gelebt hat und deren leidenschaftliche Liebe zu jungen Mädchen bei später Geborenen Anstoß und Spott erregte – ganz anders als die Päderastie, die im Alten Griechenland als etwas Selbstverständliches galt. Sappho gehörte zu den Frauen aus hervorragender Familie mit entsprechend verfeinertem Lebensstil, in deren Obhut andere ihre heranwachsenden Töchter zur Ausbildung gaben. Dabei galt diese Ausbildung vor allem den musischen Künsten: Die Mädchen lernten dichten oder die Fertigkeiten des dichterischen Vortrags und musizieren. Zeugnisse für entsprechende Fähigkeiten finden sich auch noch für die klassische Zeit, sodass man sich fragen kann, ob nicht in den adligen Familien die von Lesbos bekannte Tradition beibehalten worden ist. Den organisatorischen Rahmen für diese Art Erziehung bildeten wahrscheinlich die der Göttin Aphrodite verbundene *Thiasoi* (Kultvereine). Was Platon im *Symposion* über die Verbindung des Guten mit dem Schönen und der Erotik beschreibt, wird in Sapphos Aphrodite-Verehrung vorweggenommen, wobei die Dichterin von einem ungeteilten, zugleich sinnlichen und geistigen Prinzip ausgeht.

Aphrodite stand den Chariten nahe, die wie die Nymphen und Musen Naturwesen waren und dennoch in enger Verbindung mit Kunst und Kultur gesehen wurden. Bei den Nymphen wurde besonders ihr lieblich verführerischer Gesang gerühmt. Dahinter stehen alte Vorstellungen von den schöpferischen Zeugungskräften der Natur, die – anders als in der patriarchalen Polisideologie – noch nicht in einen Gegensatz zur Kultur gestellt wurde, sondern diese mit einschloss. Wie wir gesehen haben, gehörten nach griechischem Verständnis junge Mädchen im heiratsfähigen Alter dieser Sphäre an.

Dionysos und die Mänaden

Dionysos war der Spätkömmling unter den griechischen Göttern; Homer führt ihn noch als eine mindere Gottheit. Der Sage nach trat ihm die bescheidene Hestia ihren Platz an der Tafel der Olympier ab. Auf diese Weise rückte an die Stelle der Göttin des Hausmittelpunktes und der häuslichen Harmonie in der Morgendämmerung der klassisch-griechischen Kultur Dionysos, der den familiären Konflikt und den Geschlechterantagonismus repräsentierte, gleichzeitig aber auch von ihm Erlösung versprach.

Historisch dürften sich die dionysischen Kulte spätestens Anfang des 6. Jahrhunderts auf dem griechischen Festland durchgesetzt haben. Die mit Dionysos verbundenen Mythen deuten darauf hin, dass sie anfangs auf großen Widerstand stießen. Dionysos konterkariert die patriarchale Gestalt des Zeus und die gesellschaftlich-kulturelle Ordnung der klassischen Zeit. Mehrere Autoren beschreiben ihn als Hermaphroditen, also als ein Wesen, das die strenge Trennlinie zwischen Männern und Frauen durchbricht und schon allein damit die in der bürgerlichen Ideologie der Stadtstaaten so wichtigen Grenzen eklatant verletzte. Als eines der vielen unehelichen Kinder des Zeus, das vor dem Zorn Heras in Sicherheit gebracht werden musste, wurde der kleine Dionysos in Mädchenkleider gesteckt und im Verborgenen großgezogen. Die Verwandlungskunst und damit die Macht, herrschende Auffassungen von Realität und Normativität radikal in Frage zu stellen, blieben sein Metier.

Dionysos' Anhängerinnen und die Ausübenden seines Kultus waren ausschließlich Frauen, also diejenigen, die von den Restriktionen der klassisch-griechischen Gesellschaft am härtesten betroffen und somit am ehesten geneigt waren, sie zu durchbrechen. Mit der Einführung dionysischer Riten, die entweder aus nördlichen Gebieten über Phrygien und Thrakien oder über die Ägäis nach Griechenland kamen, wurde für die griechischen Frauen ein Regulativ geschaffen, das durch die Möglichkeit eines rituell kontrollierten Ausbruchs aus den gesellschaftlichen Zwängen das Bestehen derselben ertragen half.

Eine ganze Reihe mythischer Überlieferungen beschäftigt sich mit der Herkunft des Dionysos. Sein Vater ist in den meisten Fällen Zeus, daneben wird auch der Unterweltsgott Hades genannt, der »unterirdische Zeus« (Zeus Katachthonios). Dionysos' Mutter ist Persephone, die mit ihrer Mutter Demeter zu Demeter/Persephone oder auch mit ihrer Großmutter Rhea zu Rhea/Persephone verschmelzen kann, oder aber die thebanische Prinzessin Semele. Nach einer alten orphischen Erzählung erschien Zeus der webenden Persephone in einer sizilischen Höhle und zeugte dort mit ihr das Dionysos-Kind. Es wuchs in der Höhle auf und saß dort auf seinem Thron, bis zwei Titanen es, angestiftet von der eifersüchtigen Hera, ermordeten. Die Titanen schnitten Dionysos in sieben Stücke, kochten diese in einem Kessel und brieten sie dann an Spießen, nach anderen Versionen verbrannten sie sie. Ein Stück jedoch wurde bewahrt, sodass aus ihm in der Folge ein neuer Dionysos entstehen konnte. Bei dem Mahl der Titanen war Athene zugegen. Sie rettete das Herz des Dionysos, versteckte es in einem abgedeckten Korb und übergab es Zeus. Nach anderen Versionen der Sage bereiteten die Titanen das Fleisch zu, kamen aber nicht mehr zum Essen, bevor Zeus sie mit seinem Blitz erschlug. Die Fleischstücke wurden von Athene oder von Apollon aufgesammelt und das Dionysoskind wieder zusammengesetzt. Diese alten Sagen wurden mit jüngeren verbunden, die nicht die Göttin Demeter/Persephone, sondern die irdische Semele als Mutter des Dionysos ansahen. Zeus gab ihr das von Athene gerettete Herz zu essen, und so wurde Dionysos durch Semele ein zweites Mal empfangen. Kurz darauf starb Semele, weil sie Zeus aufgefordert hatte, sich ihr in seiner wahren Gestalt zu offenbaren, und sie den Glanz seiner göttlichen Erscheinung nicht auszuhalten vermochte. Zeus nähte sich den Embryo in seinen Schenkel ein, und nachdem er aus diesem geboren war, wurde Dionysos Semeles Schwester Ino zur Pflege übergeben, die große Mühe hatte, das Kind vor Heras Verfolgungen zu schützen. Sowohl Semele als auch Ino spielen als Vorbilder des dionysischen Kultes eine große Rolle. Beide sind archetypische Mänaden, wie die rasenden Verfolgerinnen des Gottes genannt wurden.

Ino wurde der Sage nach zusammen mit ihren beiden Schwestern, Agaue und Antonoe, die ihr bei der Pflege des Kindes halfen, von Hera mit Wahnsinn geschlagen. Einer etwas abweichenden Variante zufolge, nach der Semele das Kind noch selbst austrug und erst kurz darauf starb, wurde der Wahnsinn ihrer Schwestern als

Strafe dafür interpretiert, dass diese die Vaterschaft des Zeus für einen Vorwand hielten, mit dem Semele den Zorn ihres Vaters Kadmos über eine Verfehlung abzulenken versuchte. Sie erkannten also Dionysos selbst die Göttlichkeit ab und wurden dafür von ihm mit Wahnsinn (*mania*) geschlagen. Die rasende Ino stürzte sich mit ihrem einen Sohn Melikertes ins Meer, den zweiten erschlug ihr Ehemann Learchos. Nicht besser erging es Agaues Sohn Pentaios, der das ekstatische Treiben der Schwestern beobachtet hatte und von ihnen in Stücke gerissen wurde. Das Szenario ist typisch für die Verwüstungen und das Chaos, von denen alle Gebiete heimgesucht wurden, die sich weigerten, Dionysos einen Kult einzurichten. So spielte sich Ähnliches unter den Töchtern des Königs Minyas in der böotischen Stadt Orchomenos ab und auch in Argos, wo die Töchter des Herrschers Proitos vom Wahnsinn erfasst wurden und ihre Säuglinge verschlangen. Ganz Athen wurde von Dionysos mit Wahnsinn geschlagen, nachdem die Bewohner der Stadt seinen Getreuen Ikarios, den Dionysos den Weinbau gelehrt hatte, umgebracht hatten, im Glauben, er wolle sie mit seinem Wein vernichten. Erst ein Apollonorakel klärte die Athener über ihren Irrtum auf. Sie stifteten ein Fest zu Ehren des Ikarios und seiner Tochter Erigone, die sich vor Entsetzen über das Schicksal ihres Vaters erhängt hatte. Damit wurden die Athener vom Wahn erlöst und lernten nun den Wein in Maßen und in verdünnter Form zu genießen. Die Macht des neuen Gottes Dionysos wurde so anerkannt und gleichzeitig in bestimmte Kanäle gelenkt, sodass die Bewohner Böotiens und Attikas ihr nicht mehr hilflos ausgeliefert waren. Sie richteten Dionysos gewidmete Festzeiten ein, zu denen die

böotischen Frauen mit Tierfellen bekleidet und mit auf-
gelösten Haaren dem Gott in die Berge folgten und statt
ihrer Kinder dort wilde Tiere zerrissen. Für Attika
scheint dies bereits zu weit gegangen zu sein, jedenfalls
ist eine solche Form bacchischer Raserei hier nicht bezeugt. Sie wurde durch Zeremonien und Tänze auf dem
Parnass zu den *Lenaia*, dem attischen Winterfest des
Dionysos im Monat Gamelion (Januar/Februar) ersetzt
und somit nochmals abgemildert. Das mythische Vorbild der tanzenden Athenerinnen auf dem Parnass
waren nicht die drei thebanischen Mänaden Ino, Agaue
und Autonoe, sondern Semele, die Mutter des Dionysos, die von ihm aus der Unterwelt wieder heraufge-
führt wurde und dann den Namen Thyone (»die
schwärmerisch Rasende«) erhielt. Entsprechend wurden
die Tänzerinnen der Lenaia *Thyiaden* genannt.

Was bedeutete das wilde Treiben der Frauen im Dienste
des Dionysos? Zunächst führte es allen Griechinnen
und Griechen die »wahre Natur« der Frauen vor. Die rasenden oder ausgelassen tanzenden Bacchantinnen of-
fenbarten die weibliche Hysterie, die nach herrschender
Auffassung eine unausweichliche Folge der körperlichen Konstitution der Frau war und somit ein stets
vorhandenes gefährliches Potential, das nur mühsam
gebändigt werden konnte. Dadurch, dass man den als
ausgemacht »unzivilisiert« geltenden Bedürfnissen der
Frauen jedes Jahr zu den winterlichen Lenaia freien
Lauf ließ, bestätigte man einerseits das gängige Vorur-
teil über die Eigenarten des weiblichen Körpers und
Charakters, andererseits schuf man für die Frauen ein
psychisches Ventil, indem man sie kurzzeitig aus der
patriarchalen Unterdrückung ausbrechen ließ. Dass die

Gelegenheit zu einem solchen Löseritual sich gerade als Dionysos-Verehrung bot, ist nach dem Wesen dieses Gottes nicht überraschend.

Mehr als irgendeine andere griechische Gottheit repräsentierte Dionysos alle Fähigkeiten, Eigenschaften und Gefahren, die die bürgerlich-griechische Männergesellschaft mit den Frauen verband. Plutarch nennt ihn »den Herrn und Träger aller feuchten Natur« (*De Iside et Osiride* 35), wie sie auch den Frauen eigen ist. Dionysos ist der Gott aller Leben spendenden Flüssigkeiten, zu denen der Wein ebenso gehört wie das Blut. Er steht allgemein für die Bewegung, die Leben hervorbringt. Dies kommt in seinem nomadischen Dasein zum Ausdruck. Wie kein anderer Olympier ist Dionysos ein umherschweifender Gott. Der Mythos schreibt ihm weite Reisen zu, die ihn nicht nur durch ganz Griechenland, sondern auch durch Kleinasien, Syrien, Ägypten und in späteren hellenistischen Ausgestaltungen sogar bis nach Indien führten.

Auch den Athenern war die Notwendigkeit von Bewegung zur Aufrechterhaltung des Lebensflusses klar, aber ihre Gesellschaft war in erster Linie auf Statik angelegt. Die Besitzstände der bürgerlichen *oikoi* wurden durch die Hin- und Herbewegung der zu verheiratenden Frauen zwischen den *oikoi* und die damit verbundenen Mitgifthändel gefährdet, und da der Vorgang an sich nicht vermeidbar war, wurden alle mit ihm einhergehenden Befürchtungen auf die Grenzgängerinnen, d. h. auf die Frauen, projiziert. In der Verehrung des Dionysos aber wurden Bewegung und Grenzüberschreitung sakralisiert; folglich standen die griechischen Frauen dieser Gottheit besonders nahe. So wie Dionysos ihren Wahnsinn auslöste und ihnen seine

Ankunft in der Stadt kurzzeitige Befreiung brachte, so
war das Verhalten der Frauen mithilfe des Mänaden-
bzw. Thyiadenkultes auch berechenbar und somit kon-
trollierbar. Der »fremde« Gott, wie er auch genannt
wurde, übernahm für eine begrenzte Zeit die Herrschaft
über die durch die Frauen repräsentierten fremden Elemente der Polis-Gesellschaften und reiste danach
wieder ab, sie ihrem eigenen starren Regiment überlas-
send.

Ergänzt werden die dionysischen Frauenriten durch
die aus dem Kult des Gottes erwachsenen jährlichen
Theaterfestspiele in Athen. Sie waren Teil der Großen
Dionysia des Stadtstaates und nahmen einen wichtigen
Platz in seiner ideologischen Fundierung und Bestäti-
gung ein. Ihre Funktion erfüllten sie dadurch, dass sie
der athenischen Männergesellschaft die Kehrseite ihrer
patriarchalen Ordnung vorhielten. So wie die Thyiaden
außerhalb der Stadtgrenzen die renitenten Neigungen
ausleben konnten, die griechischen Frauen schlechthin
unterstellt wurden, so dramatisierten die Tragödien die
durch die Entfesselung der weiblichen Leidenschaften
heraufbeschworenen familiären und gesellschaftlichen
Katastrophen (siehe auch Kapitel 6). Auffällig ist dabei,
dass als Trägerinnen eines solchen zerstörerischen Po-
tentials stets mythische Frauen agieren. Männliche
Angst, die den Frauen eine gefährliche Kraft und Stärke
zuschrieb, wurde so auf eine nicht unmittelbar reale
Ebene projiziert. In den Inhalten des athenischen Dramas manifestierte sich die Angst der Männer vor den
Frauen an sich, aber auch vor den Folgen ihrer Unterdrückung durch die rigide athenische Ordnung. Während die Tragödien mit Katastrophenszenarien arbeiteten, beschäftigten sich die Komödien in halb

spöttischer, halb liebevoller Weise mit gesellschaftlichen Utopien bzw. den Wünschen und Sehnsüchten
des bürgerlichen Milieus. Entsprechend wurden keine
mythischen, sondern realistische und aktuelle Stoffe
behandelt, die freilich angereichert wurden durch
phantastische Rahmenelemente, die dem dionysischen
Ambiente entsprachen; die Hauptakteure waren
menschliche, nicht mythische Personen.

Der bedeutendste Athener Komödiendichter Aristophanes (5./4. Jh. v. Chr.) thematisierte wiederholt die
Kriegslust der griechischen Stadtstaaten und die daraus
entstehenden Gefahren für die einfache Bevölkerung
und insbesondere auch für die Frauen. In der *Lysistraté*,
die an den Lenaia (den Dionysien im Monat Leneion)
411 v. Chr. uraufgeführt wurde, versammeln sich die
Frauen ganz Griechenlands und beschließen, sich den
Männern so lange sexuell zu versagen, bis in ganz Hel-
las Frieden herrsche. Hier konnte eine Frau also etwas
im Sinne des kritischen Dichters durchaus Positives be-
wirken. Maßgeblich für die unverhohlene Kritik des
Aristophanes an den politischen Zuständen dürfte gewesen sein, dass die klassische Periode und kulturelle
Blütezeit sichtbar durch eigenes Verschulden ihrem nahen Ende entgegen sah.

Die Wirkung des Dramas konnte nur ambivalent sein.
Indem im Zeichen des Dionysos die potentiellen und
tatsächlichen Konflikte des athenischen Stadtstaates
auf die Bühne gebracht wurden, wurde seine Ideologie
einerseits gefestigt, weil die Konsequenzen der Umkeh-
rung seiner Werte den Bürgern so bedrohlich wie möglich vor Augen standen. Andererseits boten die Thea-
teraufführungen Anlass zur Reflexion und damit zur
Infragestellung der vorherrschenden gesellschaftlich-

kulturellen Ideologie. Sie dürften damit ein wesentliches Medium für die Transformation der klassisch-griechischen in die hellenistische Kultur mit ihren ganz anderen gesellschaftlichen Leitbildern gewesen sein, die für Frauen erhebliche Erleichterungen bedeutete. Neben den realen Verbesserungen für die Situation der Frau brachte allerdings der Hellenismus auch eine Harmonisierung ihres streitbaren Willens zu gesamtgesellschaftlichen Veränderungen mit sich: Während die Religion der klassischen Zeit Frauengestalten zeichnete, die sich auflehnten, beschränkte der Hellenismus Weiblichkeit auf Mütterlichkeit.

Es entspricht dem Charakter des Dionysos als reisendem Gott, dass er auch fern von Griechenland eine besondere Residenz besaß, die so genannte »Insel der Frauen« im atlantischen Ozean. Über die absonderlichen Vorgänge dort berichtete Poseidonios nach einer Aufzeichnung Strabos: »Im Ozean ... liegt eine kleine Insel, nicht weit von der Mündung des Leigeros-Flusses (Loire). Diese bewohnen die Frauen der ›Namneten‹; sie sind von Dionysos besessen und stimmen den Gott durch geheime Riten und andere religiöse Zeremonien gnädig. Nie betritt ein Mann die Insel, die Frauen aber setzen auf das Festland über, um ihren Männern beizuwohnen, und kehren dann wieder zurück. Es gibt da den Brauch, einmal im Jahr das Dach des Heiligtums abzudecken und am selben Tage noch vor Sonnenuntergang wieder einzudecken. Jede Frau hat dabei eine Ladung herbeizuschaffen. Die Frau aber, der die Ladung entfällt, wird von den anderen Frauen in Stücke gerissen; die Teile werden unter Jubelrufen um das Heiligtum herumgetragen. Sie hören nicht damit auf, bevor ihr Wahnsinn ein Ende nimmt. Immer aber geschieht es, dass die eine oder die andere dieses Schicksal erleiden muss« (Zit. nach M. Détienne, 1992, S. 49).

Nach der Interpretation Marcel Détiennes (1992) erklärt sich das merkwürdige Treiben der Frauen auf der dionysischen Insel durch einen Beinamen des Gottes: »Sphaleotas«, das heißt »der, der straucheln macht«. Dionysos Sphaleotas besaß im Apollon-Tempel zu Delphi ein eigenes kleines Heiligtum; er ist eine Variante des Gottes der Trunkenheit und Raserei. Der durch Dionysos selbst verschuldete Sturz erinnert an das zu seinem Kult gehörige Springen und Hüpfen auf einem Bein. Es ist das Kennzeichen aller Anhängerinnen und Anhänger des Dionysos, der Mänaden ebenso wie der Satyrn, seines Gefolges von Waldgeistern.

Der Sturz steht für den Übergang in den dionysischen Zustand der Raserei als Domäne der Frauen. An dem etwas veränderten Rahmen der *Mania* fällt auf, dass hier das gesamte Geschehen ausschließlich unter Frauen ausgetragen wird und entsprechend auch eine Frau – und nicht wie in Athen Männer bzw. Söhne – der mänadischen Zerstörungswut anheimfällt. Offensichtlich gibt es Berührungspunkte mit der alten orphischen Überlieferung von der Zerstückelung und Verspeisung des Dionysos durch die Titanen. Hier ist es der Gott, der geopfert wird; in den Ritualen traten dann andere, in der Regel Tiere, an seine Stelle, wobei zu beachten ist, dass das kretische Kind Dionysos mehrfach Tiergestalten (Ziege, Stier, Hirsch) annahm, um Hera zu täuschen. Dennoch scheint zumindest auf mythologischer Ebene auch das Menschenopfer stets gegenwärtig zu sein, es kann eine Dienerin des Dionysos treffen, die im Kult seine Stelle einzunehmen hat, oder einen unbefugten Beobachter des Frauenwahnsinns wie Pentheus in Theben.

Es ist wiederholt vermutet worden, dass die Grundlage dieser Vorstellungen vorindoeuropäische Fruchtbarkeitsriten waren, in denen Dionysos als sterbender und wieder auferstehender Vegetationsgott verehrt wurde. Dafür würde auch der Phallus als eines seiner wichtigsten Symbole sprechen, der ihm im Mythos als Wegmarke dient und in Kultprozessionen für Dionysos herumgetragen wurde. Jedoch fehlt jeder direkte Hinweis auf Dionysos als im Jugendalter geopferter Fruchtbarkeitsgott. Dieser ist maßgeblich ein Produkt der Vorstellungswelt des britischen Kulturanthropologen James Frazer, der in seinem einflussreichen Werk »Der goldene Zweig« (1890-1915) einem solchen Kult universale Geltung in so genannten primitiven Gesellschaften zuschrieb. Seine Ideen wurden von dem Schriftsteller und Erforscher griechischer Mythen Robert von Ranke Graves aufgenommen, der seinerseits die deutsche Matriarchatsforscherin Heide Göttner-Abendroth beeinflusste. Die genannten Autoren sehen alle die Religion vorpatriarchaler Gemeinschaften auf einem einzigen Grundmythos beruhen, nach dem eine Muttergöttin (die die Gestalten der Tochter und der alten Frau mit umfassen kann) das statische und ein jugendlicher Gott das dynamische Element darstellen. Der jugendliche Gott symbolisiert nach ihrer Auffassung mit seinem Sterben und Wiederauferstehen den Wachstumskreislauf der Vegetation und insbesondere des angebauten Getreides. Dies ist jedoch eine sehr schematische Sicht der Dinge, die den differenzierten Götter- und Göttinnengestalten der minoisch-griechischen wie auch anderer alter Mythologien nicht gerecht wird. Die Quellenbefunde, und zwar gerade auch die vielgestaltigen archäologischen Zeugnisse sprechen dafür, dass die traditionellen polytheistischen Religionen alle Aspekte des Lebens nicht nur auf der Ebene natürlicher Wachstumszyklen repräsentierten. Dionysos ist kein Vegetations- oder gar Fruchtbarkeitsgott, sondern herrscht über die die Alltagswelt transzendierenden Kräfte der Erregung und kann so auch für die Urenergie des Lebens selbst (*dýnamis*) stehen. Im klassischen Griechenland wurde diese nicht als weiblich gedacht und folglich auch nicht durch eine Göttin repräsentiert, sondern durch die androgyne Gestalt des Dionysos und seine Verwandlungskünste.

Der Dionysos Sphaleotas weist noch in eine andere Richtung und verbindet den Gott eng mit Apollon, den erst moderne Interpretationen als seinen Widersacher definiert haben. Apollon fungiert in Delphi, wo in seinem Heiligtum auch Dionysos Sphaleotas verehrt wurde, als derjenige Gott, der Unreinheit dadurch aufhebt, dass er blutige Opfer legitimiert, die nach herkömmlicher griechischer Rechtsauffassung als Mord galten. In mythischen Szenen tritt Apollon selbst oder einer seiner Priester als Schächter des Neoptolemos auf, der zuvor den troischen Zeusaltar entweiht hatte, indem er Priamos dort opferte. So konnte sogar einer Bluttat im heiligen Bezirk des Apoll noch reinigende, sühnende Kraft zugeschrieben werden. Abgesehen davon rechtfertigt der Gott auch ganz einfach die Orgie, das Opferfestmahl, indem er die mit dem an seinem Altar vollzogenen Blutopfer verbundene Schuld hinwegnimmt. Statt einer derartigen Altarweihe des Verbotenen und Verunreinigenden, die Apoll vornimmt, repräsentiert Dionysos den außerzivilisatorischen Zustand des Wahnsinns, der ebenso die Kraft hat, geltende Gesetze aufzuheben. Der Dionysos Sphaleotas bezieht diese Aufhebung insbesondere auf den Verzehr rohen Opferfleisches und kommt damit dem delphischen Apoll besonders nahe. In diese Richtung weisen auch andere Beinamen des Dionysos wie »Omadios« (der Rohe) auf Chios, »Omestes« (der Rohfleischesser) auf Lesbos und »Anthroporrhaistes« (der Menschenzerreißer) auf Tenedos.

Die Insel der Frauen verweist auch auf die Dionysos in besonderer Weise verbundene Sphäre des Meeres. Neben Böotien ist er vor allem auf den ägäischen Inseln beheimatet, wo der Wein schon sehr früh kultiviert wurde. Ein ganz eigenes Gesicht zeigt Dionysos in seiner Verbindung mit Naxos und seiner aus Kreta gebürtigen Braut Ariadne. Er rückt dabei in einen interessanten Gegensatz zu dem athenischen Volkshelden Theseus. Ariadne, die Tochter des kretischen Königspaares Minos und Pasiphae, hatte sich in Theseus verliebt, als dieser als athenische Geisel zwangsweise auf Kreta weilte und dort in das Labyrinth des Minotauros geschickt wurde. Sie gab ihm eine Garnrolle, mit der er aus dem Labyrinth wieder herausfinden konnte, und ein Schwert, damit er den kretischen Stier töten konnte. Danach floh Theseus mit Ariadne auf sein Schiff und segelte gen Athen. Auf der Insel Naxos, die früher Dia hieß, machte er Halt. Als er wieder aufbrach, ließ er Ariadne in tiefem Schlaf dort zurück. Dionysos fand sie, hielt mit ihr Hochzeit und soll auch – scheinbar unpassend zu seiner ekstatischen Domäne – seiner Gattin Ariadne ein liebender Ehemann gewesen sein. Als solcher hinterließ er auch Spuren in der klassisch-griechischen Vasenmalerei. Ein häufiges Motiv auf athenischen Vasen zeigt, wie Mänaden von Satyrn sexuell belästigt werden. Mit solchen Szenen wurde der geschlechtliche Antagonismus thematisiert, und in diesem Rahmen agierten der männliche und der weibliche Part gleichermaßen feindselig. Während der dionysischen Anthesterien, die im Februar begangen wurden, zelebrierten die Griechen dagegen ein Hochzeitsritual, während dessen sich der Gott Dionysos mit der Gattin des *Archon besileus* vereinigte. Dieser athenische Amtsträger hatte die oberste religiös-kultische Funktion im Stadtstaat inne. Wahrscheinlich war er es selbst, der der *Basilinna*, seiner Frau, in Gestalt des Gottes erschien und mit ihr eine Heilige Hochzeit vollzog. Die damit eingegangene Ehe verhielt sich kontrapunktisch zu der von Zeus und Hera, deren *Theogamia* (Götterhochzeit) die Athener im Monat Gamelion (Januar) feierten. Die *Theogamia* repräsentierte die griechische Realität, die Verbindung des Dionysos und der Basilinna nach dem Vorbild der mythischen Hochzeit des Gottes mit Ariadne auf Naxos dagegen ein Ideal, und zwar offensichtlich ein Ideal der Frauen. Attische Vasenbilder zeigen die Basilinna, wie sie den in der halb geöffneten Tür stehend Dionysos erwartet; seine Ankunft wird durch einen seiner Diener mit Efeukranz und Weinkrug angekündigt. Die halb offene Tür symbolisiert in der zeitgenössischen Vasenpiktographie stets Hochzeitsszenen, sowohl in menschlichem als auch in mythischem Milieu. Eine schwarzfigurige Vase aus archaischer Zeit stellt auf der einen Seite die Entführung einer Mänade durch einen hocherregten Satyrn mit aufgerichtetem Penis dar, auf der anderen Seite eine häusliche gefühlvolle Szene mit demselben, jetzt traulich umschlungenen Paar.

Dionysischer Satyr entführt eine Mänade

Mänade und Dionysos (?) in liebevoller Umarmung

Dies macht noch einmal deutlich, wie eng der Gott Dionysos der weiblichen Sphäre im klassischen Griechenland verbunden ist. Er selbst erscheint dabei stets als wichtiger Sympathisant der Frauen, sei es als liebender Ehemann oder als Dionysos Lysias (Dionysos der Erlöser), der mit seinem Kult eine kurzzeitige Befreiung von der sorgen- und kummervollen Situation der Frauen brachte. Die zu seinem Gefolge gehörigen Satyrn repräsentieren auf satirische Weise die patriarchale Macht, der die Frauen dennoch unterstanden.

Trauerrituale: Frauenreligiosität und athenische Politik

In den ältesten Schichten der griechisch-ägäischen Religionsgeschichte war der Tod ein integrierter Bestandteil von Anschauungen, die sich insgesamt an den natürlichen Kreisläufen orientierten. Die Auseinandersetzung mit ihm wurde insofern von der Einsicht in seine Notwendigkeit und seine Sinnhaftigkeit getragen, als das Absterben von Lebenskräften auf eine geheimnisvolle Weise die Voraussetzung für ihr Wiedererstehen war. Dazu gehörte freilich auch die Trauer über das individuelle Schicksal des Sterbenden und das Akzeptieren des eigenen Schmerzes über den erlittenen Verlust eines Angehörigen oder Freundes. Die minoischen Grabanlagen bezeugen als die eindrucksvollsten Überreste der vorgriechischen ägäischen Kultur die große Bedeutung der Fürsorge für die Toten; durch diese Anlagen pflegte die Gemeinschaft weiterhin den Kontakt zu ihnen.

Dagegen ist die Verdrängung des Todes und seiner Schrecken aus Kunst, Literatur und mythologischer Vorstellungswelt eine der maßgebenden Voraussetzungen der klassischen griechischen Kultur. Homer bereits gab dem Tod keinen Platz mehr unter den olympischen Göttern; Persephone, Göttin des Todes und der Unterwelt, wird als Tochter der Olympierin Demeter von ihm nirgendwo erwähnt. Ganz anders als die Alten Ägypter vermochten die Griechen das Dasein der Verstorbenen nur in einem trüben Schattenreich zu beschreiben – wenn man von den Lehren der Orphiker und der ihnen nahestehenden Mysterienreligionen einmal absieht.

Die Bewältigung des Todes gehörte in den alten Kulturen des Mittelmeerraumes ebenso zum engen Funktionsbereich der Frauen wie die Gabe des Lebens, das heißt, die Frauen waren zuständig für die Toten- und Beerdigungsrituale, deren Herzstück die Totenklagen ausmachten.

Das mythische Urbild der trauernden, klagenden Frau, wesentlich älter als die christliche Mater Dolorosa, ist die griechische Niobe, Tochter eines lydischen Königspaares und Gattin Amphions von Theben, mit dem sie sechs Töchter und sechs Söhne hatte. Niobe hatte die Göttin Leto an ihrem Festtag in Theben beleidigt, indem sie hervorhob, dass sie weit mehr Kinder habe als jene, die dem Zeus die beiden olympischen Gottheiten Apollon und Artemis geboren hatte. Leto ließ ihrem Zorn freien Lauf, alle zwölf Kinder Niobes wurden von Apollon und Artemis mit Pfeilen getötet und lagen neun Tage in ihrem Blut. Die Götter erlaubten nicht, dass ein Sterblicher sich näherte, um sie zu begraben; erst am zehnten Tag übernahmen dies Apollon und Artemis selber. Niobe hatte bis dahin ohne Unterlass geweint, erst nach dem Begräbnis nahm sie wieder eine Mahlzeit ein. Dann wurde sie von den Göttern in einen Felsblock im kleinasiatischen Sipylosgebirge verwandelt, aus dem wie Wasserströme ihre Tränen flossen. Niobe wird auch als Geliebte des Zeus erwähnt, und sie war nach dieser Geschichte die erste Menschenfrau, die die Bewohner der griechischen Landschaften Argos und Pelasgos geboren haben soll. Sappho kennt sie als

Freundin der Leto, und hinter all diesen widersprüchlichen Überlieferungen steckt womöglich eine alte ätiologische Sage, die erklären sollte, warum Menschen überhaupt im Unterschied zu den Göttern sterblich sind.

Die mythische Trauer Niobes wurde nur kurz durch eine Mahlzeit nach dem Begräbnis ihrer Kinder, die wahrscheinlich als Bestandteil des Totenritus zu interpretieren ist, unterbrochen; ansonsten währte sie ewig und zeigt, dass unter dem Wehklagen der Frauen das der Mütter nochmals eine herausragende Bedeutung hatte. Das mag einerseits darin begründet sein, dass man – auch in Anbetracht der hohen Kindersterblichkeit in antiken Gesellschaften – der mütterlichen Trauer besondere Intensität zuschrieb; hinzu kommt, dass sich in ihrem Fall der Kreislauf vom Leben zum Tode schließt, in den die alten Rituale eingebettet waren. Der Mutter eines Toten obliegt es an erster Stelle, durch die Klageriten den Weg zum Leben erneut freizugeben. In der Totenklage einer Mutter wird regelmäßig ihre Rolle als Gebärerin des nun ausgelöschten Lebens geltend gemacht sowie die große körperliche Nähe zwischen ihr und ihrem Kind beschworen.

Der vertrautere Umgang der Frauen mit dem Tod mag darin begründet gewesen sein, dass nur sie sich in unmittelbaren Kontakt mit dem Körper eines Toten begaben, indem sie den Leichnam wuschen und aufbahrten. Dabei trafen sie Maßnahmen zum Schutz der noch nicht entwichenen Seele vor Dämonen; dazu gehörte, bestimmte Kräuter unter den Körper des Verstorbenen zu legen. Am dritten Tag wurde der Tote zu Grabe getragen. Der Zug zur Begräbnisstätte war der eigentlich kritische Punkt der Totenriten, denn von diesem Moment bis zur Grablegung fand die endgültige physische Trennung zwischen den Verstorbenen und ihren Angehörigen statt. Deshalb war dies der Zeitpunkt der hochemotionalen, aber gleichwohl sorgfältig vorbereiteten Klagegesänge der Frauen. Sie artikulierten den Verlust und seine Konsequenzen für die Familie, aber gleichzeitig erlegten sie dem Schmerz ganz bestimmte Formen auf und brachten ihn dadurch unter eine gewisse Kontrolle. Während der Beerdigung wurde geopfert, wobei anscheinend die Vorstellung herrschte, dass der Tote gemeinsam mit den Lebendigen aß und trank. Diese Art der Gemeinschaft wurde von den Mitgliedern der Familie auf den Friedhöfen regelmäßig erneuert.

Ein Aspekt der Totenrituale war also, dass die griechischen Frauen die fundamentale Erfahrung des physischen Todes in Worte fassten und dadurch für sie einen Platz in der bildlich-sprachlichen Symbolwelt schufen, über die sich die Mitglieder der Gesellschaft verständigen konnten. Im Verlauf der Begräbnis- und Klageriten bestand ihre besondere psychologische Leistung darin, nicht nur den Kontakt zu dem Toten aufrecht zu erhalten, den sie auch über diesen Zeitraum hinaus pflegten, sondern auch als Erste der neu entstandenen Lebenssituation offen ins Auge zu sehen. Was sie vortrugen, formulierte für alle hörbar neben dem individuellen Unglück des Toten die Betroffenheit der Angehörigen. Die traditionelle Totenklage gehörte wesentlich zur Selbstrepräsentation des Familienverbandes, in dem Frauen und ganz besonders Mütter als wichtige Verantwortungsträger anerkannt wurden. In vorklassischer Zeit bestätigte die Totenklage entscheidende gesellschaftliche Rechte der Frauen und war ein wichtiges

Medium weiblicher Kreativität, die sich in den Dienst der Bewahrung des Familiengedächtnisses stellte. Damit ist ein zweiter Aspekt der Klage als Herzstück der Totenrituale berührt. Alles spricht dafür, dass die von Frauen bei Traueranlässen vorgetragenen Dichtungen und Lieder auch von Frauen verfasst und von Generation zu Generation weitergegeben wurden. Allerdings war keineswegs jede Frau zwangs- oder gewohnheitsmäßig in der Lage, Klagegesänge zu verfassen und vorzutragen. Die Totenklage, die sich im Rahmen einer rein mündlichen Kultur entfaltete, erforderte spezielle verbale und musikalische Fähigkeiten. Diese als weibliche Domäne entwickelte Kunst liegt erkennbar jüngerer schriftlicher Dichtung zu Grunde. Spuren finden sich in der griechischen Epik und Lyrik sowie in der Prosa, besonders deutlich sind ihre Einflüsse auf die altgriechische Tragödie erkennbar. Dies entspricht der Mythologie der Musen, deren Mutter Mnemosyne, die Erinnerung, war. Die Erinnerung, die für alle literarischen Leistungen nicht nur der griechischen Kultur die Grundlage bildete, wurde von Frauen getragen.

Die patriarchale Gesellschaft der Poleis und insbesondere Athens sah Tränen und das sich in den Klagen äußernde Pathos ganz im Sinne ihrer gängigen Gesamteinschätzung der »Natur des Weiblichen« als eine typisch weibliche Auflösungserscheinung an, gefährlich für die Festigkeit des männlichen Körpers und die im Sinne der neuen männlichen Ideale hochgehaltene Staatsraison. Die traditionelle Bedeutung der Frauen in der Konfrontation der Gemeinschaft mit dem Tod muss jedoch positive Gründe gehabt haben. So gibt es entgegen der offiziellen Ideologie klare Hinweise darauf, dass die trauernden Frauen sich gerade nicht von Emotionen überwältigen ließen, sondern umgekehrt die Rituale entwickelten und durchführten, um einem kritischen Zustand abzuhelfen und ihn letztlich zu überwinden. Die Klage hatte unzweifelhaft eine therapeutische, kathartische Wirkung. Gail Holst-Warhaft (1995) weist in ihrer Monographie über die griechische Totenklage im interkulturellen Vergleich darauf hin, dass in allen Zeugnissen, die von Trauer und Totenklage auf Seiten der Männer berichten, diese im Angesicht des Todes ausgesprochen hilflos erscheinen und oft davor bewahrt werden müssen, sich selber im Zustand der Trauer irreparable Schäden zuzufügen. So erging es Gilgamesch, dem mythischen König der südmesopotamischen Stadt Uruk und Helden der ältesten überlieferten epischen Dichtung, der nach dem Tod seines Freundes Enkidu verzweifelt ist und für sich selbst nach Unsterblichkeit sucht. Am westlichen Ende der Welt trifft Gilgamesch auf die Göttin Ishtar in Gestalt der weisen Schenkin Siduri, und sie gibt ihm folgenden Rat:

■ Das Leben, das du suchst, wirst du sicher nicht
finden!
Als die Götter die Menschheit erschufen,
Teilten den Tod sie der Menschheit zu,
Nahmen das Leben für sich in die Hand.
Du, Gilgamesch – dein Bauch sei voll,
Ergötzen magst du dich Tag und Nacht!
Feiere täglich ein Freudenfest!
Tanz und spiel bei Tag und Nacht!
Deine Kleidung sei rein, gewaschen dein Haupt,
Mit Wasser sollst du gebadet sein!
Schau den Kleinen an deiner Hand,

Die Gattin freu' sich auf deinem Schoß!
Solcher Art ist das Werk der Menschen!

Es ist bezeichnend, dass Siduris Rede von älteren Kommentatoren des Epos immer wieder als Hedonismus ausgelegt wurde. Vor dem Hintergrund der konkreten Lebenssituation, in der sich Gilgamesch befindet, ist sie jedoch keineswegs banal. Gerade die scheinbare Einfachheit des »normalen Lebens«, das Siduri dem Gilgamesch empfiehlt, ist für diesen in seinem Schmerz und dem Schock über die Erfahrung des Todes am schwierigsten wieder zurückzugewinnen. Stattdessen läuft er einem Ziel nach, dessen Erreichen von vornherein zum Scheitern verurteilt ist und das ihn nur noch unglücklicher macht. Die pragmatische Lebensweisheit der Kneipenwirtin versucht ihn vom Gedanken an den Tod abzulenken und ihn für das Leben zurückzugewinnen.

Bei Homer, dem Tränen und Trauer von Männern keinesfalls unehrenhaft erschienen, findet sich eine vergleichbare Situation in einer Szene zwischen Achilleus und seiner göttlichen Mutter Thetis. Als Achilleus hört, dass sein Freund Patroklos gefallen ist, wird er zunächst vom Schmerz übermannt.

■ Und er griff mit beiden Händen in den rußigen
Staub
Und schüttete ihn über das Haupt und entstellte
sein liebliches Antlitz,
Und auf dem nektarischen Kleid saß rings die
schwarze Asche
Und er selbst lag im Staub, der Große, groß
hingestreckt,

Und raufte sein Haar und entstellte es mit seinen
Händen
...
Und drüben jammerte Antilochos, Tränen
vergießend,
Und er hielt die Hände des Achilleus – der stöhnte in
seinem ruhmvollen Herzen –,
Denn er fürchtete, er könnte sich die Kehle
abschneiden mit dem Eisen.   (*Ilias* XVIII 23-34)

Achills Wehklagen hört seine Mutter, sie und die Nereiden nehmen die Klage auf, und da Achill den Wunsch
zu sterben äußert, weil er seinem Gefährten nicht hatte
zu Hilfe kommen können, verspricht sie, für die Achäer
neue, bessere Waffen beim Schmiedegott Hephaistos zu
besorgen. Statt unüberlegt in den Tod zu gehen, soll er
mit Macht kämpfen und den Sieg erringen. Achilleus
schöpft daraufhin neuen Mut und lässt anläßlich Patroklos' Beerdigung aus Rache zwölf trojanische Kriegs-
gefangene töten. So verwandelte Thetis die Trauer des
Achill in neue Kampfeslust. Später allerdings, als Achilleus den Krieg wieder aufgenommen und Hektor, den
stärksten Gegner der Achäer, zu Fall gebracht hatte,
sorgte Thetis dafür, dass der Tote seinen Angehörigen
übergeben und genauso betrauert wurde wie auf der anderen Seite Patroklos.

Das Beispiel der Thetis zeigt, dass Frauen im Interesse
ihrer Familie oder Sippe über Klagerituale und indem
sie die Trauer über Tote überwinden halfen, die Aggres-
sionen gegen andere anheizen konnten. Aber obwohl
weiblicher Zorn auf diese Weise Mord und Krieg veran-
lasste, sind es dieselben Frauen, die die Toten zur Ruhe
bringen und dadurch weitere Eskalationen verhindern.

In der von Homer beschriebenen Adelsgesellschaft nahmen sie auf diese Weise Einfluss auf politisch-militärische Entscheidungen. Eine solche Beteiligung aber musste der Organisation der Poleis zuwiderlaufen. Trauernde und durch einen schmerzlichen Verlust zornig gewordene Mütter konnten noch in der patriarchalen Gesellschaft der griechischen Klassik gefährliche zerstörerische Kräfte freisetzen und wurden deshalb gefürchtet. Dies zeigt das Beispiel Klytämnestras, von der bereits die Rede war, und auch das der Hekabe, die, eng verwandt mit Hekate, wahrscheinlich ursprünglich eine Göttin gewesen ist. Hekabe (auch bekannt unter ihrem lateinischen Namen Hecuba) stammte aus Phrygien und wurde durch die Heirat mit Priamos Königin von Troja. Sie war die Mutter des Paris, der durch den Raub Helenas den Trojanischen Krieg verschuldete. Nach Euripides sah Hekabe die Katastrophe Trojas in einem Traum voraus. Deshalb setzte sie Paris nach seiner Geburt aus, wodurch sie das Unheil aber auch nicht verhindern konnte, weil das Kind gerettet wurde und die Göttin Athene ihre Bitten nicht erhörte. Im Krieg fiel ihr Sohn Hektor durch Achilleus, der damit seinen Freund Patroklos rächte. Achilleus schleifte den Leichnam Hektors täglich um Patroklos' Grab, bis er schließlich von Thetis bewegt werden konnte, ihn zu verbrennen. Während der Zerstörung Trojas durch die Achäer musste Hekabe zusehen, wie ihr Mann Priamos und ihr Sohn Polites umgebracht wurden. Ihre Tochter Polyxene wurde am Grab des Achilleus geopfert. Hekabe selbst wurde Odysseus als Sklavin zugesprochen. Um das trojanische Königshaus endgültig auszulöschen, stürzte Odysseus auf Beschluss der Achäer Hektors kleinen Sohn Astyanax vom Turm der Stadtmauer, sodass

Hekabe auch noch ihren Enkel zu beklagen hatte. Schließlich verlor sie ihren jüngsten Sohn Polydoros, den sie dem thrakischen König Polymestor zum Schutz anvertraut hatte. Dieser jedoch ermordete das Kind. Hekabe sann auf Rache und lockte Polymestor mit einer List nach Troja, wo sie ihn mit Agamemnons Hilfe von den Frauen blenden und seine Kinder umbringen ließ. Nach ihrem Tod streifte Hekabe wie die Göttin Hekate nächtens als Hündin herum.

Eine sehr wichtige Bedeutung kommt in den Schmerz und Trauer verarbeitenden Ritualen der griechischen Frauen der Göttin Demeter zu, deren Tochter von Hades entführt wurde. Davon wird im nächsten Kapitel ausführlich die Rede sein.

Obwohl Clan- und Familienstrukturen in Griechenland wie in jeder anderen traditionellen Gesellschaft den Kern des sozialen Lebens bildeten, versuchte der Stadtstaat, sie zu schwächen. Seine Instanzen waren männerbündisch organisiert, Blutsbande sollten anders als in der mykenischen Zeit keine politische Rolle mehr spielen. Was vorher im Zuständigkeitsbereich der Familien gelegen hatte, in denen Frauen wichtige Funktionen einnahmen, wurde von den demokratischen Institutionen der Polis übernommen. Die entsprechenden Gremien bildeten fortan die öffentliche Sphäre, die von der privaten scharf getrennt wurde. Der Ausschluss der Frauen aus dieser Art von Öffentlichkeit gehörte zu den wichtigsten Prinzipien des Stadtstaates, der die Frauen auf das Innere der Häuser beschränkte und die außerhalb wirkenden Männer ihrem Einfluss weitestmöglich entzog.

Als Teil umfangreicher antiaristokratischer Maßnah-

men, mit denen Solon die athenische Bürgergesellschaft festigte, wurde die Ausübung weiblicher Trauer-
rituale bereits seit dem 7. Jahrhundert v. Chr. stark ein-
geschränkt. Die Anzahl und die Beteiligung weiblicher
Teilnehmerinnen an Begräbnissen wurde genau festgelegt. Nur noch engste Verwandte und außer ihnen nur
Frauen im Alter von mehr als sechzig Jahren durften
den Toten zum Friedhof geleiten. Der Leichenzug
musste grundsätzlich von Männern angeführt werden,
Frauen hatten nur im hinteren Teil mitzugehen. Auch
bei der eigentlichen Beerdigung sollten sich die Frauen
im Hintergrund halten; lautes Klagen und Weinen
wurde ihnen als »unmännliches Verhalten« ausdrücklich verboten. Ferner wurde untersagt, dass anlässlich
einer Beerdigung auch um andere Verstorbene geklagt
wurde, was auf eine Praxis hinweist, die zu großen
Trauerversammlungen führen konnte. Die Vermutung
liegt nahe, dass bei den vielen Toten, die die Hegemo-
nialkriege der Athener verschuldeten, Rebellionen der
Familien befürchtet wurden, deren Ehemänner, Brüder
und Söhne in den zahlreichen Schlachten ihr Leben
aufs Spiel setzten. Die stets gegenwärtige Möglichkeit
des Widerstandes gegen die athenische Kriegstreiberei
spiegeln sowohl Tragödie als auch Komödie, wenn sie
den unversöhnlichen Interessengegensatz zwischen
dem kriegführenden Staat und den von jedem Mit-
spracherecht bei politischen Entscheidungen ausge-
schlossenen Frauen thematisierten. Dies tat vor allem,
aber nicht nur, die *Lysistrate* des Aristophanes. Der ge-
nerelle Konflikt zwischen den Gesetzen des Stadtstaates und der familienzentrierten Moral der Frauen, die
sich im Einklang mit göttlichen Geboten sah, stellt
die Sophokleische Tragödie *Antigone* dar, in der die

Ödipus-Tochter Antigone gegen den Willen des neuen Herrschers von Theben, Kreon, auf der Beerdigung ihres Bruders Polyneikes besteht und dafür auch den eigenen Tod in Kauf nimmt.

In dem die Grundfesten der griechischen Polisgesellschaft erschütternden 5. Jahrhundert erfanden die Athener die einmal jährlich für Kriegstote vorgetragene Grabrede (*Epitaphios Logos*) im Rahmen einer gesetzlich angeordneten Feier. Statt der Trauer der Angehörigen wurde hier der Stolz Athens auf einen seiner Bürger in den Mittelpunkt gestellt, der für die Ideale der Stadt gestorben war. Ein vom Rat bestimmter – natürlich männlicher – Sprecher trug eine formale Gedächtnisrede vor, die einem ganz bestimmten Schema folgen musste. Ohne direkten Bezug auf die Familie wurde anfangs das Herkunftsland der Gefallenen lobend angeführt. Dann ging der Redner sogleich zum Lob der Polis über, dessen eigentlicher Zweck die Ansprache war. Er berichtete, wie die Gefallenen im Sinn der freiheitlichen Verfassung des Stadtstaates erzogen worden waren und stellte sie in die Traditionslinie der ruhmreichen Vorfahren, beginnend mit den mythischen Königen Kekrops und Erichthonios. Während also die traditionellen, von Frauen getragenen Rituale die Verbundenheit des Toten mit seiner Familie und insbesondere mit den engsten weiblichen Angehörigen, nämlich Mutter, Schwestern und Ehefrau thematisierten, betonte der *Epitaphios* abermals das den Stadtstaat konstituierende Prinzip der Autochthonie, nach dem Athenes Kinder, beginnend mit ihrem Sohn Erichthonios, aus dem athenischen Boden hervorgingen, ohne weibliche Empfängnis und ohne Geburt durch eine leibliche Mutter. Die Idee der

Autochthonie, die von dem ersten, noch unzivilisierten attischen König Kekrops über Erichthonios und Theseus bis hin zu den (ausschließlich männlichen) Bürgern der Stadt führte, war der bestimmende Identitätsmythos der Athener und als solcher fester Bestandteil des *Epitaphios Logos*. Anschließend wurden die Verdienste der Verstorbenen für das Gemeinwesen herausgestellt und den Angehörigen ein Trost in der Form ausgesprochen, dass der Tote für ein jeden Einsatz lohnendes Ziel gestorben sei.

Trotz der patriarchalen Ideologie und der restriktiven Politik des Stadtstaates zeugen in Athen wichtige Baudenkmäler von Frauenrollen, die Privates und Politisches auf das engste miteinander verbanden. Während die Gefallenen der athenischen Kriege in die Tradition des Erichthonios gestellt wurden, die ihm gleichsam die Familie ersetzen sollte, konnte der mythische König selbst auf weibliche Dienste auch nach seinem Tod offenbar nicht verzichten. Die sechs Koren auf dem Parthenon waren, wie eine jüngere kunsthistorische Studie annimmt (Scholl 1998), sehr wahrscheinlich die Grabdienerinnen des Erechteus, des sagenhaften ersten König Athens, der in der klassischen Literatur mit Erichthonios gleichgesetzt wurde. Es scheint sein Totenkult gewesen zu sein, der mit diesem Teil des Parthenon die Gestalt eines steinernen Denkmals angenommen hat.

Auf der Westseite der Agora und in unmittelbarer Nähe zum Bouleuterion, dem Rathaus der Athener, stand das Metroon, ein Heiligtum der Göttin Meter. Es war jedoch bedeutend älter als das erst im 5. Jahrhundert

errichtete Gebäude, in dem der Rat der (natürlich ex-
klusiv männlichen) Athener zusammenfand. Die Vermutung liegt nahe, dass das Gebäude eine eminent politische Bedeutung hatte. Über Zusammenhänge mit
früheren matriarchalen Strukturen auf dem griechischen Festland wie im gesamten ägäischen Raum kann
nur spekuliert werden. Möglicherweise gab es aber auch
eine Verbindung der männlichen Herrscher Attikas zu
der hier verehrten Göttin, die von einer später entstandenen Mythologie verschwiegen wurde. Für die kleinasiatische Göttin Matar, deren Nachfahrin die griechische Meter ist, wird nämlich angenommen, dass die
phrygischen Könige in ihrem Kult eine maßgebliche
Rolle spielten.

Das Metroon diente in klassischer Zeit als Staatsarchiv
und damit gleichsam als das Gedächtnis der Stadt, eine
Aufgabe, die in der traditionellen mündlichen Kultur
die griechischen Frauen erfüllten, die – wie erwähnt –
in einem besonderen Verhältnis zu den Toten standen.
Die französische Altertumswissenschaftlerin Nicole Loraux (1992) hat diese Verwendung des Metroons durch
die politische Versammlung der Athener als eine »Do-
mestizierung der Mutter« gedeutet. So wie die physischen Mütter in der offiziellen Ideologie der patriarchalen Polis zu einem bloßen Gefäß für den männlichen
Samen erklärt wurden, wurde das Metroon als institutionelle Mutter zu einer leeren Fläche, in die Männer all
das einschrieben, was sie der Erinnerung für würdig befanden, während nicht festgehalten wurde, was verges-
sen werden sollte. Loraux nimmt in diesem Zusammenhang einen Begriff auf, den Platon in seinem
Dialog *Timaios* verwendet. Platon unterscheidet drei
Formen, die das Weltganze konstituieren: das Reich der

unveränderlichen Ideen oder des schlechthin Seienden, die Abbilder der Ideen oder das Werdende und schließlich die leere Fläche, die *chora*, in die das Werdende nach dem Bild des transzendenten Seienden eingeprägt wird. Die *chora* ist »eine schwierige und dunkle Form ... vor allem eine derartige, dass sie allen Werdens bergender Hort sei wie eine Amme« (*Timaios* 49b). Im Laufe seiner weiteren Ausführungen bezeichnet Platon dieses Aufnehmende des Werdenden, das bar aller eigenen Form und Merkmale sei, auch direkt als »Mutter« (*Timaios* 50d), während »das Woher«, die unveränderlich seienden Ideen also, mit dem Vater verglichen werden. Damit haben wir hier auf einer anderen, politisch relevanten Ebene, genau das Konzept vor uns, das die griechischen Ärzte von der Elternschaft entwarfen.

Die Subjektlosigkeit der Mutter und damit des Weiblichen allgemein (Mutterschaft in ihrem spezifisch griechischen Verständnis war ja die Rolle, auf die die Frau in ihrer positiven Funktion beschränkt wurde) wird an dieser Stelle von Platon erstmals deutlich artikuliert: Das Weibliche als mysteriöser Urgrund der Welt, der sich jeder näheren Bestimmung entziehe. Goethes Mütter im Faust als dunkle Quelle des Lebens und der Regeneration, Freuds »Rätsel der Weiblichkeit« und Jaques Lacans berüchtigter Satz »La femme n'existe pas« stehen in der Tradition dieser Vorstellung, die eigentlich einen Nicht-Begriff umfasst. Er zeigt nur, dass die abendländische Metaphysik mit dem Schema von Urbild und Abbild nicht auskam und ein »dunkles« Drittes brauchte, um ihre Konstruktion plausibel zu machen. Als empfangende Fläche im Unterschied zum hervorbringenden Ursprung des Weltwerdenden konnte die *chora* nicht transzendent gedacht werden, sondern nur als »ein unsichtbares, gestaltloses, allaufnehmendes Gebilde, das aber auf eine höchst unerklärliche Weise am Denkbaren teilnimmt und äußerst schwierig zu erfassen ist« (*Timaios* 51a; Übersetzung von Hieronymus Müller und Friedrich Schleiermacher).

Nicole Loraux demonstriert anhand der Funktionszuweisung an das Metroon, wie die Gestalt der Mutter, die ursprünglich wie alle Frauen aus der patriarchalen Perspektive den außerstadtstaatlichen Ort des Draußen repräsentiert, neu interpretiert und dann in die Polis integriert wurde. Dies konnte nur mit einer maßgeblichen Beschneidung ihrer politischen Wirkungsmöglichkeiten einhergehen. So entstand die bürgerliche Auffassung des Mutter als friedvolles, sanftmütiges Wesen ohne eigene Bedürfnisse. Dies erklärt auch das Erscheinungsbild mächtiger olympischer Göttinnen: Weder Artemis als Beherrscherin der Wildnis noch Athene als Schutzherrin der Stadt, noch die erotische Aphrodite konnten als Mütter vorgestellt werden.

Es waren allerdings nicht nur die Mütter, denen eine besondere Beziehung zu den Toten und den Totenritualen zugeschrieben wurde.

Auch zwischen der weiblichen Jugend und dem Tod gab es auffällige Verbindungen. Auf mythischer Ebene spiegelt sie sich in der Verbindung von Koré, dem Mädchen, mit Persephone, der Unterweltsgöttin. Die Nymphen, die ein mythisches Mädchentum verkörpern, treten oft als Trauernde auf, so wie im Fall der Nereiden (Meeresnymphen), die in die Klage der Thetis um Patroklos' Tod und die Trostlosigkeit des Achilleus einstimmten:

■ Da schrie sie (Thetis) hell auf, und die Göttinnen
des Meeres scharten sich um sie,
Alle, so viele in den Tiefen des Meeres Nereiden
waren.

Homer nennt die Nereiden dann einzeln mit Namen
(Ilias XVIII 37-49).

Wie in Kapitel 7 ausgeführt, forderte der transgressive
Status junger Mädchen, die eine alte Identität ablegten
und mit der Verheiratung eine neue als Frau und Mutter anzunehmen hatten, zu Vergleichen mit dem Übergang zwischen Leben und Tod heraus.

Die Totenriten sind typische Übergangsrituale und be-
stätigen damit die Rolle der Frau in der griechischen
Gesellschaft. Die Frau als trauernde Person vermittelt
zwischen Leben und Tod und befindet sich damit in
einem weiteren Aspekt im Status des Draußen bzw. in
einem nicht-verortbaren Zwischenzustand. Obwohl die
offizielle Sicht der Frau, die Ideologie des Weiblichen,
dadurch bestätigt wurde, sahen sich die Polis-Autoritä-
ten genötigt, den Frauen die Sorge für die Toten weitgehend abzusprechen. Dies zeigt abermals die Furcht
vor der Macht der Frauen über Sphären, die sich herge-
brachterweise dem Zugriff männlicher Autorität entzo-
gen.

Wie einseitig es wäre, davon auszugehen, dass die religiöse Sphäre der Frauen auf den rituellen Umgang mit
dem Tod beschränkt gewesen wäre, soll unser letztes
Kapitel zeigen. Die Rolle der Frauen im Kult der Demeter und der Aphrodite zeigt ein überraschend eigen-
ständiges Verständnis weiblicher Sexualität und ihrer

Bedeutung für die grundlegenden Prozesse des Lebens. An den rituellen Formen, in denen sich dieses ausdrückte, lässt sich abermals zeigen, dass für die griechischen Frauen der Tod ein schmerzvolles, aber dennoch überwindbares Erlebnis war, ein notwendiger Durchgang zu neuem Leben.

Frauenmysterien

Bei einer Reihe religiöser Feste und Riten, die im Alten Griechenland ausschließlich von Frauen begangen wurden, stand die Sexualität im Mittelpunkt ihrer Funktion und Symbolik. Unsere Informationen über das, was im Ritus konkret vollzogen wurde, sind spärlich und die Deutung durch moderne Interpreten schwierig und uneinheitlich; unterschiedliche Interpretationen müssen einander aber nicht unbedingt ausschließen. In den in diesem Kapitel zu behandelnden griechischen Frauenriten lässt sich eine Überlieferungsschicht ausmachen, die nahelegt, dass in der zur klassischen Zeit bereits alten Kultur des ägäischen Raumes der weiblichen Sexualität eine apotropäische (unheilabwehrende), segenspendende und todüberwindende Kraft zugesprochen wurde.

Wie in Kapitel 4 dargestellt, stand im antiken Denken insbesondere die weibliche Geschlechtlichkeit in enger Beziehung zu den Prozessen der Natur, wobei allerdings die Natur negativ gegen die Kultur, das heißt gegen die Errungenschaften der griechischen Zivilisation, abgesetzt wurde. Den menschlichen Lebenszyklus sah man nicht mehr in der gleichen Weise eingebunden in die natürlichen Gesetzmäßigkeiten, wie frühere Epochen der ägäischen Religionsgeschichte es erkennen lassen. Lucy Goodison (1989) hat für die minoische Religion Zusammenhänge zwischen der Verehrung der Sonne und den natürlichen Kreisläufen von Geburt, Wachstum, Abnahme der Lebenskräfte, Tod und Neuanfang festgestellt. Nach ihren Erkenntnissen hat die minoische Kunst diesen ganzen Komplex mit Symbolen anschaulich gemacht, die als weiblich charakterisiert werden können. Besonderheiten kretischer Grabarchitektur sowie Darstellungen auf Grabbeigaben oder Gegenständen des Totenkultes weisen nach Goodison darauf hin, dass Gebärmutter und Vulva für die Minoer Sinnbilder nicht nur der Geburt allgemein, sondern auch einer Wiedergeburt nach dem Tod gewesen sind. Obwohl die griechische Kultur der klassischen Zeit sich von der Thematik des Todes, der bei den Minoern eine so überragende Bedeutung zukam, abwandte und die weibliche Sexualität mit großem Unbehagen betrachtete, wurden entsprechende Vorstellungen und Gebräuche in einigen Bereichen des Kultus weitertradiert. Die griechischen Frauen spielten dabei eine entscheidende Rolle.

Unmittelbar vor der Getreideaussaat fanden in Athen am 9. des Monats Pyanopsion (Oktober/November) die *Stenia* und am 11., 12. und 13. die dreitägigen *Thesmophoria* statt. Für beide Feste zu Ehren der Getreidegöttin Demeter waren ausschließlich Frauen zugelassen, das heißt Bürgerfrauen, denn anders als an sonstigen Mysterienfeiern durften Sklavinnen und Prostituierte an diesen so genannten Frauenmysterien nicht teilnehmen, ebensowenig wie Männer, die zu den Riten ausdrücklich keinen Zugang hatten. Die Wichtigkeit, die auch die Männer diesen Riten dennoch beimaßen, kommt darin zum Ausdruck, dass sie sich zu ihrer Finanzierung verpflichteten. Die religiöse Betätigung der

Frauen während dieser Periode muss also als unbedingt erforderlich für das Gemeinwesen und als offizielle Angelegenheit der Polis angesehen worden sein. In Athen räumten die Männer während der Austragung der Thesmophorien sogar das Zentrum ihrer Macht, die *Pnyx*, normalerweise der Ort ihrer politischen Versammlungen. Allerdings wurde hier nur ein Teil der Ritualhandlungen vollzogen.

Die Thesmophoria sind nach einhelliger Auffassung sehr alt; sie könnten bis in die neolithische Zeit Griechenlands zurückreichen. Nach einer peloponnesischen Legende jedoch lag ihr Ursprung in Ägypten, von wo die Danaiden sie mitgebracht haben sollen. Danaiden wurden die Töchter des Danaos genannt, der sich das Reich seines Vaters mit seinem Bruder Aigyptos teilen sollte. Seine 50 Töchter wurden den 50 Söhnen des Aigyptos als Bräute versprochen. Die Rivalität zwischen den beiden Brüdern führte aber dazu, dass Danaos seine Töchter anstiftete, ihre Bräutigame in der Hochzeitsnacht umzubringen. Die Verbindung der Thesmophorien mit diesem Mythos könnte darauf hinweisen, dass die Demeterfeste ebenso wie die Dionysia als ein unvermeidlicher Einzug des »Anderen« in die patriarchalen griechischen Poleis angesehen wurden.

Die Thesmorphoria begannen mit dem *anhodos*, dem Aufstieg der Frauen zu den Heiligtümern auf die außerhalb der Stadt gelegenen Anhöhen. Hier bauten sie sich Hütten, die ihnen während der Feiern als Aufenthaltsorte dienten. Diese Behausungen wurden aus Weidenruten, Flohkraut und bestimmten Lorbeerarten hergestellt, denen die griechische Botanik eine antaphrodisiakische Wirkung zuschrieb. Nach der Auffassung jüngerer Forschungen, die sich auf Marcel Détiennes grundlegende Arbeit »Die Gärten des Adonis« (1977) stützen, wurde mit der Verwendung dieser Pflanzen ein Symbol für die Abwesenheit von Sexualität und Fruchtbarkeit errichtet, die in dem mythischen Drama um Demeter und ihre Tochter Persephone-Koré eine entscheidende Rolle spielt. Die griechischen Frauen verließen anlässlich der Festlichkeiten ihre Häuser und damit auch ihre Ehemänner. Dazu passt wiederum die Überlieferung von den sich ihren Ehemännern entziehenden Danaiden, wenn diese auch gewalttätigere Mittel anwendeten. Zum Hügel mit dem Heiligtum der Demeter führten die Frauen Lebensmittel mit, darunter wahrscheinlich phallisch geformte Gebäckstücke sowie lebende Ferkel als bevorzugte Opfertiere der Göttin und Symbole weiblicher Fertilität. Diese Gaben wurden in eine Demeter geweihte Grube geworfen, die die Erdspalte symbolisierte, welche im Mythos bei Persephones Entführung in die Unterwelt die Schweine des Hirten Eubouleus verschlungen hatte. Ob und zu welcher Zeit auch schon vor den Thesmophoria solche Darbringungen vollzogen wurden, ist schwer zu rekonstruieren. Vieles deutet darauf hin, dass die verrotteten Überreste früherer Opferungen von den Frauen aus den Gruben geholt, auf einem Altar zur Schau gestellt und dann mit der neuen Saat vermengt wurden.

Während des zweiten Abschnitts der Thesmophoria, *nesteia*, »Fasten« genannt, hockten sich die Frauen auf dem Boden nieder und verweigerten die Nahrungsaufnahme wie Demeter auf ihrer verzweifelten Suche nach Persephone. Antike Quellen bezeichnen diesen Tag als den traurigsten des Jahres. In Athen herrschte ein Ausnahme- bzw. Umkehrzustand: Wichtige öffentliche

Institutionen stellten ihre Arbeit ein, Gefangene wurden aus der Haft entlassen. Schließlich brachen die Frauen das Fasten mit obszönen Scherzen und zotigem Gelächter. Am dritten Tag wurden die athenischen Thesmophoria mit Schweineopfern und einem großen Festmahl beschlossen. Man feierte so die *kalligeneia*, die »gute Geburt«.

Während die wenigen antiken Zeugnisse über die Thesmophorien die Trauer- und Fastenzeit relativ ausführlich beschreiben, wird die obszöne Fröhlichkeit der Frauen an ihrem Ende nur in Randbemerkungen gestreift; von den antiken Autoren hat niemand auch nur annäherungsweise versucht, ihre Bedeutung zu erörtern und so seinen Lesern die Vorgänge verständlich zu machen. Alles lässt darauf schließen, dass sie das eigentliche Geheimnis dieser Mysterien ausmachten. Dieser Teil der Frauenrituale war insofern von zentraler Bedeutung, als er den Wendepunkt von der Verweigerung der Sexualität und des Lebens zur Wiederingangsetzung der natürlichen Kreisläufe darstellte, was schon die Tatsache beweist, dass dies Motiv in allen Demeterfesten auftritt. So erfahren wir über die den Thesmophoria vorausgehenden *Stenia* nicht viel mehr, als dass auch zu diesem Anlass Frauen »lästernde«, »unverschämte«, »freche« und »empörende« Reden führten. Dasselbe gilt für die zur Wintersonnenwende, am 26. des Monats Poseideon begangenen *Haloa*, eine Zeremonie, während der sich die Frauen in Eleusis mit derben Späßen und Spötteleien amüsierten und sich, nach männlichen und weiblichen Genitalia geformte Gebäckstücke knabbernd, von Priesterinnen Ratschläge für den Ehebruch ins Ohr flüstern ließen.

Wir kommen an dieser Stelle auf die Mythologie der Demeter und auf die rätselhafte Gestalt der Baubo zurück, die nach der bereits erwähnten orphischen Version der Erzählung eine bedrohliche Situation dadurch entspannte, dass sie Demeter durch Entblößen ihres Unterleibs zum Lachen brachte.

Baubo wurde, wie zwei erhaltene Inschriften beweisen, auf den Inseln Paros und Naxos als Göttin verehrt. Sehr wahrscheinlich hatte sie wie Persephone und wie Demeter selbst (als Demeter Chthonia) eine Verbindung zur Unterwelt. Demeter stieg auf der Suche nach ihrer Tochter in die Unterwelt hinab und wurde nahe der Wohnung des Hades freundlich bewirtet, nach der orphischen Überlieferung von Baubo, nach dem Homerischen Hymnus an Demeter von der Magd Iambe, die als mythische Figur sonst nicht bekannt ist, deren Name aber mit dem griechischen Verb *iambizein*, »Spottverse machen«, in Beziehung gesetzt werden kann. In Eleusis, wo von den Griechen das ganze Geschehen lokalisiert wurde, gab es weder eine Baubo, noch eine Iambe, wohl aber eine Göttin Daeira, die als Schwester der Styx gilt, des Flusses, über den die Toten in die Unterwelt gelangen. Die Deutung der Begegnung zwischen Demeter und dieser Unterweltgestalt ist unsicher, denn aufgrund der Quellenlage kann nicht eindeutig geklärt werden, was genau Demeter unter Baubos Röcken gesehen hat bzw. worüber Iambe scherzte, geschweige denn, warum es die Göttin zum »Lächeln« brachte. Nach dem von Clemens Alexandrinus zitierten orphischen Fragment als Belegstelle für die Szene zeigte Baubo einfach »alles«, indem sie ihr Gewand hochhob. Zusätzlich wird die Anwesenheit des Iakchos erwähnt, von dem noch die Rede sein wird.

Vielfach ist Baubo als »mythische Vulva« interpretiert worden, als die Personifikation des weiblichen Genitals also, dessen symbolische Bedeutung allerdings ebenfalls weitgehend im Dunkeln liegt. Monika Gsell hat in der von ihr vorgelegten jüngsten Studie zu der Thematik darauf aufmerksam gemacht, dass im Gegensatz zum männlichen Phallus die Vulva in unserem Symbolverständnis immer nur eine Leerstelle anzeige. Sie stehe für ein »alles«, das in seiner Unbestimmtheit eigentlich ein »nichts« sei. Gsell schreibt dazu: »…der Verlust der ursprünglichen Bedeutung, die Baubos Geste im weiblichen Ritual gehabt haben mag und von den Frauen gewusst wurde, markiert den symbolischen Ort der Geschichte des weiblichen Genitales: Es ist eine Geschichte des Vergessens, des Verlustes von Wissen, von Nicht-Tradierung« (Gsell, 2001, S. 33). Wir können dennoch versuchen, die Bedeutung der mythologischen Szene und des auf ihr fußenden Rituals unter Heranziehung verwandter Materialien zu rekonstruieren: Auf die minoische Symbolik der Vulva im Zusammenhang mit dem Sonnenlauf wurde bereits eingegangen. Alles deutet darauf hin, dass hier die Vulva für Regeneration und Wieder- oder Neugeburt steht. Es wäre keinesfalls verwunderlich, wenn sich in den nach einhelliger Meinung uralten demetrischen Frauenriten diese Bildlichkeit erhalten hätte. Weitere mögliche, zeichenhafte Bedeutungen der Vulva sind aus der sumerischen Kultur bekannt, die im vierten und dritten Jahrtausend in Mesopotamien verbreitet war. Die Sumerer verehrten unter dem Namen Inanna eine mächtige Göttin, deren Mythologie Themen mit auffälligen Ähnlichkeiten zu denen der Demeter aufweist. Die Gestirnsgöttin Inanna fährt in einem Himmelsboot, das mit ihrer Vulva gleichgesetzt wird. Ihre besonderen Fähigkeiten sind in diesem Organ konzentriert, das sie in den Stand setzt, am Himmel als Morgen- und als Abendstern zu erscheinen. In dem Himmelsboot und damit in ihrer Vulva hat Inanna die Kräfte des Himmels und der Erde, die sieben *me*-Kräfte, die ihr von ihrem Vater, dem Weisheitsgott Enki verliehen wurden. Zu diesen Kräften gehören an erster Stelle der Auf- und Abstieg in die Unterwelt und an zweiter die Kunst der geschlechtlichen Liebe. Inanna kann sich an der Schönheit ihrer eigenen Vulva so erfreuen, dass sie aufjauchzt. Auch hier begegnen uns also die ineinander verwobenen Motive der Erotik, die am Gestirnslauf ablesbaren regenerativen Fähigkeiten und die Freude über den Anblick der Vulva.

Eine gründliche Analyse des vorhandenen Quellenmaterials zu der Baubo-Szene durch Michael Franz (1987) hat ergeben, dass Demeter nicht allein die Vulva der Unterweltsgöttin zu sehen bekam, sondern auch einen handfesten Orgasmus, den diese durch Selbstbefriedigung erreichte. Die Erwähnung des Iakchos, den Demeter aus Baubos Schoß hervorkommen sieht, ist nach Franz nicht etwa als Geburt zu verstehen, sondern der Name sei nach einem Schrei gebildet, den die Athener auf ihrer Prozession nach Eleusis ausstießen. Das Ergebnis, von dem wir aus dem kurzen, von Clemens tradierten Fragment noch erfahren, war, dass Demeter lächelte und den vorher zurückgewiesenen Kykeon annahm. Über die Bedeutung dieses Tranks ist leider überhaupt nichts Gesichertes zu erfahren, sodass von von dieser Stelle aus auch nicht mehr Licht auf die Vorgänge fällt. Also bleibt nach der Interpretation von Franz als Befund nur, dass die Frauen in den Demeter-Mysterien die Erweckung der weiblichen Sexualität durch frivole Gesten und Worte feierten. Bemerkenswerterweise ist die Urheberin dieser Erweckung ebenfalls eine Frau bzw. eine weibliche Gottheit; wie in den Demeter-Mysterien sind Männer von dem Geschehen ausgeschlossen, nicht aber die männliche Sexualität, die symbolhaft dargestellt oder vorgestellt wird, deren Rolle die feiernden Frauen aber ähnlich wie Baubo selbst übernehmen, ohne dass ein Mann physisch anwesend sein musste. Die zu den Riten gehörige Frivolität und Obszönität vonseiten der Frauen markiert dabei den Bruch, der mit der Alltagsmoral vollzogen wurde.

Fast alle neueren Interpretationen der Baubo stimmen darin überein, dass mit ihrer Gestalt der Topos der Bisexualität bemüht wird. Zweigeschlechtigkeit erscheint des öfteren als Motiv in den Mythologien orientalischer Göttinnen; die bereits angeführte Inanna-Ishtar, aber auch die zypriotische Aphrodite symbolisieren in erster Linie transgressive Fähigkeiten. Diese Göttinnen beherrschen die Unterwelt, verweilen dort aber nicht, sondern können hinab- und wieder hinaufsteigen. Dies zeigt beispielhaft die Geschichte von Ishtars Gang in die Unterwelt, die bemerkenswerte Parallelen zu dem griechischen Sagenkreis von Demeter und Persephone und zur Thematik der Thesmophorien aufweist: Gegen den Willen ihrer Schwester Ereshkigal, der Beherrscherin der Unterwelt, beschloss Ishtar, in deren Reich hinabzusteigen. Ereshkigal wies ihre Diener an, ihr die Kleider wegzunehmen, sodass Ishtar nackt in die Unterwelt eintreten musste. Als Ereshkigal sechzig Krankheitsdämonen gegen sie aussandte, starb die Göttin, und fortan konnte sich nichts Lebendes mehr reproduzieren. Die Götter mussten sich etwas einfallen lassen, um Ishtar wiederzuerwecken. Der Weisheitsgott Ea erschuf Asushunamir, einen transvestitischen Kultdiener Ishtars, der Ereshkigal überreden konnte, die Göttin wieder herauszugeben. Auch hier geht es also um die Überwindung des Todes, der sich ebenfalls in sexueller Verweigerung äußert, und auch hier wird die Verweigerung durch ein bisexuelles Wesen gebrochen, das in diesem Fall die Unterweltsherrscherin, die wie Demeter auch als Getreidegöttin galt, besänftigen kann.

Es ist sehr wahrscheinlich, dass Baubo, deren Herkunft allgemein in Kleinasien vermutet wird, wie Ishtar die Sphäre des Erotischen und damit der grundlegenden lebensspendenden und lebensfördernden Kräfte in Verbindung mit der Erde – gegeben durch den Unterweltsaspekt – vertrat. Das griechische Patriarchat hat, wie mehrfach erwähnt, der weiblichen Sexualität eine Kontrolle über diese Kräfte abzusprechen versucht, aber in den alten Demeterriten, die sogar mehrmals im Jahr begangen wurden, blieben diese den alten Vorstellungen verhafteten Gebräuche erhalten. In besonderer Hinsicht gebührt dabei den Haloa Aufmerksamkeit, die die griechischen Frauen zur herbstlichen Tag- und Nachtgleiche feierten und damit genau zu dem Zeitpunkt, als im Alten Orient die Heilige Hochzeit zwischen Ishtar und Tammuz zelebriert wurde, in Mesopotamien ein Fest mit weit zurückreichender Tradition, dessen genaues Ritual aber leider unbekannt ist.

Zwar sprachen auch die Griechen von einer »Heiligen Hochzeit« zwischen dem obersten Gott Zeus und seiner Gemahlin Hera und richteten an vielen Orten zu diesem Anlass Festlichkeiten aus, aber diese hatten anders als die Demeterriten keinen subversiven Charakter, obwohl sie nach den kretischen Berichten im Geheimen stattfanden. Im Gegenteil, die Vereinigung des höchsten Götterpaares hatte im Verständnis der klassischen Zeit ausdrücklichen Vorbildcharakter für Hochzeiten unter den Menschen; Brautleute brachten Zeus und Hera ein gemeinsames Opfer dar. Allerdings wird auch von Demeter berichtet, dass sie mit dem ansonsten unbekannten Iasion oder Iasios auf einem dreimal gepflügten Feld Hochzeit hielt und später den Plutos (»Reichtum«) gebar. Plutos wurde unter dem Namen Brion als Demeters Kind in Eleusis verehrt und dabei mit einer Getreideähre gleichgesetzt, sodass man spekulieren darf, ob in den geheimnisvollen Riten der Mysterien nicht genau auf diese Vereinigung zwischen Demeter und Iasion angespielt wurde.

Die berühmten Mysterien von Eleusis stehen in enger Beziehung zu den Thesmophorien. Es wird angenommen, dass es sich um eine Variation oder Fortentwicklung handelte, die von den mykenischen Königen begründet worden war. Ihnen lag offenbar besonders daran, dem uralten bäuerlichen Kult der Frauen etwas an die Seite zu stellen, das den neuen Gesellschaftsverhältnissen eher gerecht wurde. So wandelten sie das reine Frauenfest in eine allen offenstehende Einweihungshandlung um.

Ebenso wie die Thesmophorien thematisierten die Eleusinien den Mythos von Demeter und ihrer in die Unterwelt entführten Tochter, und auch das Fastenbrechen und die Annahme des Kykeon scheinen eine entscheidende Rolle gespielt zu haben – das Moment des Mythos also, das sich der »Enthüllung« der Baubo bzw. Iambe unmittelbar anschloss. Den Mysten reichte man einen Kykeon zum Trinken und der Hohepriester zeigte ihnen die in Körben verborgenen heiligen Gegenstände (*hiera*) der Mysterien. Ein immer wieder angeführtes Zitat, das Clemens von Alexandria überliefert, lässt darauf schließen, dass die *hiera* von den Initianden auch berührt wurden, aber George Mylonas (1961), der in Eleusis umfängliche Ausgrabungen geleitet hat und als der beste Kenner der Stätte gelten kann, hielt eine mit Lichteffekten inszenierte eindrucksvolle Schau für den Höhepunkt der Initiation.

Der zentrale Inhalt der Thesmophoria wie der Eleusinia war der Übergang von einem dem Tod vergleichbaren Trauer- und Starrezustand zu neuem Leben; beide Feste bedienten sich dabei der Symbolik des kultivierten Getreideanbaus und gleichzeitig der menschlichen Sexualität. Auch mit den Haloa hatten die Mysterien von Eleusis wahrscheinlich viel gemein; so deutet eine Analyse von G. E. Skov (1975) darauf hin, dass während der Haloa dieselbe Demeter-Priesterin ihres Amtes waltete wie die, die in den Eleusinischen Mysterien gemeinsam mit dem Hierophanten, dem höchsten Priester, auftrat.

Wie wir im vorigen Kapitel gesehen haben, oblag der Umgang mit dem Tod und seine Bewältigung im vorklassischen Griechenland wie in anderen alten Kulturen in der Hauptsache den Frauen. Im Athen der klassischen Zeit gab es massive Bemühungen, die Zuständigkeit der Frauen in diesem Bereich zu beschneiden. Ähnliche Beweggründe könnten die Athener dazu angehalten haben, Eleusis und die dort vollzogenen Einweihungen weitestmöglich unter ihre Kontrolle zu bringen. Von Attika aus wurde Eleusis im 7. Jahrhundert v. Chr. erobert und dann durch eine Heilige Straße mit Athen verbunden. Als Voraussetzung der eigentlichen Initiation wurden die so genannten Kleinen Mysterien begründet und unter die Hoheit des *Archon Basileus* (des Sakralbeamten, der den König in seinen kultischen Funktionen ablöste) gestellt. Dieser vergleichsweise junge Teil des ausgedehnten Zeremoniells fand auch nicht in Eleusis selbst statt, sondern in Agrai in der Nähe Athens, was deutlich macht, dass man versuchte, den Kult auch durch eine engere Anbindung an Athen unter Kontrolle zu bekommen.

In dem mesopotamischen Mythos von Ishtars Abstieg in die Unterwelt bekommt Ereshkigal am Ende Tammuz (sumerisch: Dumuzi), den jungen Liebhaber der Ishtar, als Entschädigung für die in der diesseitigen Welt dringend gebrauchte Liebesgöttin. Der Hirten- und Vegetationsgott Tammuz bleibt für jeweils ein halbes Jahr in der Unterwelt und wird in dem anderen Halbjahr von seiner Schwester Belili (sumerisch: Geshtinanna) abgelöst. Auch diesen Teil des Mythos können wir mit einer veränderten Rahmenhandlung in der griechischen Mythologie wiederfinden, und zwar in der der Aphrodite, die auch sonst wie Demeter viele Eigenarten mit Ishtar gemeinsam hat. Aphrodites jugendlicher Geliebter, Adonis, wurde von ihrem eifersüchtigen Gatten Ares, der sich in einen Eber verwandelt hatte, getötet. Zum Gedenken an diese Bluttat feierten die griechischen Frauen die *Adonia*. Anders als bei den Thesmophorien handelte es sich um eine inoffizielle Festlichkeit, die in den Privathäusern begangen wurde. Nach den wenigen erhaltenen antiken Zeugnissen nahmen auch hieran keine Männer teil, aber die Riten waren nicht ausdrücklich geheim. Anlässlich der

Adonien brachten die Frauen auf den Dächern ihrer Häuser Salat- und Fenchelsamen zum Keimen, ließen diese Keimlinge aber nach kurzer Zeit dadurch eingehen, dass sie sie nicht mehr wässerten. Nach ihrem Absterben wurden die Pflanzen von den Frauen in Quellwasser oder im Meer ertränkt und Adonis mit lauten Klagerufen beweint.

So, wie sie in den Demeter-Mysterien also die regenerativen Fähigkeiten der Göttin mit Symbolen weiblicher Geschlechtlichkeit feierten, so betrauerten hier die athenischen Frauen die Kurzlebigkeit eines jungen Mannes, mit dem sich Aphrodite vereint hatte. Dabei könnten sie zweierlei im Sinn gehabt haben: Ein Aspekt der Adonia ist sicherlich der unglückliche Tod des schönen, zärtlichen Liebhabers durch den ungeliebten Gatten der Aphrodite. Adonis wurde von Aphrodite umworben und verführt, er war wie einer der schüchternen Jünglinge, die in griechischen Komödien wegen ihrer Ängstlichkeit verspottet wurden. Wir haben es hier also mit einem Gegenbild zu den Verhältnissen in Athen zu tun, wo Mädchen an erheblich ältere, ihnen völlig unbekannte Männer verheiratet und von diesen in ihren Häusern eingesperrt wurden. Die Fremdartigkeit der Adonis-Gestalt in Griechenland und ganz besonders in Athen wird durch seine semitische Herkunft unterstrichen (*adon* heißt »Herr«) sowie durch den Mythos, nach dem er das Kind eines Inzests gewesen sein soll.

In Aristophanes' Komödie *Lysistrate* werden die Adonia mit dem Widerstand der athenischen Frauen gegen den Peloponnesischen Krieg in Verbindung gebracht. Das Fest erscheint in dem 411 uraufgeführten Stück als Auftakt der Rebellion der Frauen gegen eine militärische Expedition nach Sizilien, von der tatsächlich nur wenige Soldaten lebend zurückkehrten. Im selben Jahr brachte Aristophanes auch seine *Thesmophoriazusai* auf die Bühne. Auch hier ist das Frauenfest Anlass für einen Versuch der Athenerinnen, die Regierung zu übernehmen und Frieden auszurufen.

Zum anderen könnte das seltsame Ritual der Adonien auch den nur kurzzeitigen männlichen Einsatz in den natürlichen Wachstumsprozessen dargestellt haben. Nach einer Interpretation John Winklers symbolisierte das schnelle Absterben der Salatpflanzen die geringe Ausdauer und Beteiligung von Männern sowohl bei der Feldarbeit als auch bei der Kinderaufzucht. Winkler ist der Auffassung, das in dem lauten Klageruf der Adonia »Weh, Adonis!« nicht nur Trauer, sondern auch Spott über die tatsächliche Leistung von Männern bei der Gewährleistung des Lebenskreislaufs mitschwang, der so offensichtlich dem Stolz der männlichen Selbsteinschätzung widersprach. So können wir in den Adonia möglicherweise etwas von dem Selbstbild griechischer Frauen im Spiegel ihrer Fremdsicht durch die griechischen Männer erkennen, in Winklers Worten: »Das doppelte Bewusstsein von Frauen für ihre eigene Existenz und für deren Darstellung durch Männer ist mit ihren allumfassenden Tätigkeiten verbunden – Geburt, Ernährung und die Sorge um die Toten –, Tätigkeiten, mit denen sie den fundamentalen Lauf des Lebens beeinflussen und kontrollieren« (Winkler 1997, S. 303). Die Salatpflanze ist allerdings nicht nur, wie Winkler feststellt, ein Antaphrodisiakum und damit ein mögliches Indiz für die geringe Liebesausdauer von Männern, sondern auch die zärtliche Bezeichnung Ishtars für Tammuz. Wir haben mit Adonis nicht nur den zärtlichen Liebhaber der Aphrodite, sondern auch einen Vegetationsgott vor uns, der mit der Todes- und Unterweltsgöttin Persephone in Verbindung steht. Diese wollte ihn ursprünglich ganz bei sich behalten, nachdem Aphrodite ihn ihr als Säugling übergeben hatte. Schließlich entschied Zeus, dass Adonis einen Teil des Jahres für sich allein sein und je einen bei Aphrodite und Persephone verbringen sollte. Es handelt sich also um eine Variante des Mythos von Demeter und Persephone mit anderen Protagonisten bzw. in Persephones Fall mit einer anderen Rolle. Mit Adonis wurde das männliche Element in den hauptsächlich von Frauen repräsentierten Lebens- und Naturkreislauf mit eingeschlossen. Die Umschließung des männlichen Wachstumsprinzips durch eine mächtigere, weil seinen Tod überlebende und über ihn hinausführende weiblich aufgefasste Ganzheit, wie sie im Mythos als Göttin dargestellt ist, bedeutet allerdings nicht, dass die Trauer der Frauen über Adonis' Tod nicht ernst gemeint war. Sie war echt, aber als ein gleichwohl notwendiges Durchgangsstadium des allumfassenden Lebens nicht endgültig.

Wir können nach alldem davon ausgehen, dass die griechischen Frauen noch in der klassischen Epoche der Antike ein Wissen aus vorpatriarchaler Zeit besaßen, das später verloren ging und abhängig von der problematischen Quellenlage wohl auch deshalb kaum im Detail zu rekonstruieren ist. Aus den reinen Frauenmysterien gelangte dieses Wissen in die Mysterienreligionen, die letztlich alle die Eleusinia zum Vorbild hatten. Mit bestimmten Veränderungen, die den entscheidenden Anteil der Frauen weiterhin zu schmälern versuchten, wurde es dann auch zu einer wichtigen Komponente des christlichen Glaubens. Zu den grundlegenden Einsichten dieser Überlieferung gehörte ein Wiedererstehen des Lebens nach einer Zeit des bedrohlichen Innehaltens seiner Wachstumskräfte, und die Menschen schöpften aus dieser Erfahrung auch die Hoffnung auf ein Weiterleben nach ihrem individuellen Tod. Nicht zufällig trägt in Eleusis das von Demeter geborene Kind Plutos einen sehr ähnlichen Namen wie der Unterweltsgott Pluton. Anders als Hades, der wie viele Repräsentanten klassisch-griechischer Vorstellungen eine rein literarische Gestalt war, besaß Pluton in ganz Griechenland zahlreiche Kulte. In ihnen blieben die alten Anschauungen von der transformierenden Qualität des Todes lebendig.

Der Begriff *mysteria*, im Deutschen zumeist als »Geheimnis« wiedergegeben, erscheint in lateinischen Übersetzungen als »initia«, also »Einweihung«; entsprechend wird von Religionsforschern vermutet, dass die antiken Mysterienhandlungen im Zusammenhang mit alten Initiationsriten standen und vielleicht deren Fortentwicklungen waren. Ein Initiationsvorgang liegt ja sowohl bei den Frauenmysterien als auch bei den Eleusinia tatsächlich in dem Sinne vor, dass Demeter die Menschen lehrte, Getreide anzubauen. Diese Göttin war mit Sicherheit wesentlich älter als Zeus und die Herrin über Leben *und* Tod; diese beiden Aspekte ihres Wesens wurden erst später voneinander getrennt, indem man Demeters Tochter Kore, das »Mädchen« und damit die verjüngte Gestalt ihrer selbst zur Unterweltskönigin Persephone machte.

Schluss

Versucht man, die Religiosität der griechischen Frauen auf einen Nenner zu bringen, so ist dies die Transgression. Die Außenperspektive der Männer und in gleicher Weise die Handlungsmöglichkeiten der Frauen zeigen, dass jene die Übergangsstadien des Lebens repräsentierten und diese in ihren kultischen Verrichtungen symbolisch nachvollzogen. In den Riten der Frauen geht es immer um Bewegung, Auflösung und den Moment des Neuanfangs. Diese Übergänge stellen für das Individuum häufig eine Bedrohung dar. Auf überindividueller Ebene aber gewähren sie den Fortbestand des Lebens, das einem ständigen Wandel unterliegt.

Die klassische Polis empfand die Vertrautheit der Frauen mit den von Natur und Biologie vorgegebenen Zyklen so stark, dass sie sowohl die Physis als auch die Psyche der Frauen schlechthin mit der Natur gleichsetzte. Die minoischen Befunde sprechen dafür, dass sich diese Interpretation gar nicht wesentlich von der früherer Zeiten unterschied. Die Stellung der Frauen hing jedoch davon ab, wie ihre entsprechenden Rollen und Fähigkeiten bewertet wurden. Die griechische Bürgergesellschaft der klassischen Zeit definierte ihre Zivilisation und Kultur ganz besonders in Athen in einem bewussten Gegensatz zu den spezifischen Gesetzmäßigkeiten der Natur, und erst damit entstand das Problem, das in den vorangegangenen Kapiteln in seinen verschiedenen Aspekten beleuchtet wurde. Frauen wurden aus dieser Zivilisation ausgegrenzt und stigmatisiert. Sie wurden einseitig mit der als negativ und gefährlich beurteilten Natur gleichgesetzt und zur griechischen Kultur in Opposition gestellt. Gleichzeitig entwickelte man ein Konzept der Mutterschaft als »gezähmte«, inhaltsleere Weiblichkeit, die den im patriarchalen Sinne als männlich bestimmten Qualitäten als bloße Fläche dienen konnte. Subjekthaftigkeit und bürgerliche Individualität, die zu den großen Errungenschaften griechischer Kultur gezählt werden können, blieb den Frauen versagt.

Dies verweist auf eine innere Problematik abendländischer Kulturentwicklung, die im Alten Griechenland begann. Denn zur Ideologie der griechischen männlichen Bürgergesellschaft gehörte es, auf allen Ebenen die Angewiesenheit auf natürliche Prozesse, so wie sie nun einmal waren, abzustreiten und dahingehend umzudeuten, dass sie mit den Idealen eines nur männlich definierten Gemeinwesens in Einklang gebracht werden konnten. Die Folgen der Abkoppelung männlich-menschlicher Subjektivität von einer als weiblich bestimmten Naturhaftigkeit, des zunehmenden Verlusts einer Existenz- und auch Denkweise, die nicht gegen ihre natürlichen Grundlagen arbeitet, machen sich bis heute in verschiedenen Hinsichten bemerkbar.

Im Fall der griechischen Klassik zeigt sich jedoch überall, dass sie das Jahrtausende alte religiöse Erbe des ägäischen Kulturraums nicht einfach so hinter sich lassen konnte. Alte Riten, die um die alles Leben gewährleistende Sexualität auf der einen und den Tod auf der anderen Seite kreisen, blieben als spezifische Frauenkultur erhalten, der auch die Polis ihren Tribut zollen musste. Darüber hinaus lebten sie in den antiken Mysterien fort, die die Religiosität der (der klassischen Zeit folgenden) hellenistischen Epoche prägte.

Literaturhinweise

Aristophanes: Lysistrate, Übersetzung von Ludwig Seeger, Stuttgart 1969.

Arthur, Marylin B.: Early Greece: The Origins of the Western Attitude Toward Women, in: Peradotto, John / Sullivan, J. P. (Hg.), 1984.

Bellah, Robert N.: Religious Evolution, in: American Sociological Review 29 (1964), Seite 358-374.

Blundell, Sue / Williamson, Margaret (Hg.): The Sacred and the Feminine in Ancient Greece, London 1998.

Bremmer, Jan N.: Götter, Mythen und Heiligtümer im antiken Griechenland, autorisierte Übersetzung von Kai Brodersen, Darmstadt 1996.

Brosius, Maria: Women in Ancient Persia (559-331 BC), Oxford 1996. Paperback 1998.

Bruit Zaidmann, Louise / Schmitt Pantel, Pauline: Die Religion der Griechen. Kult und Mythos, aus dem Französischen übertragen von Andrea Wittenburg, München 1994 (Französische Originalausgabe 1991).

Burkert, Walter: Antike Mysterien. Funktionen und Gehalt, München 1990.

Butler, Judith: Antigones Verlangen: Verwandtschaft zwischen Leben und Tod, aus dem Amerikanischen von Reiner Ansén, Frankfurt 2001.

Chadwick, John: Die Mykenische Welt, aus dem Englischen übersetzt von Ingeburg von Steuben, Stuttgart 1979 (Englische Originalausgabe 1976).

Clauss, James J. und Johnston, Sarah Iles (Hg.): Medea, Princeton 1997.

Dean-Jones, Lesley Ann: Women's Bodies in Classical Greek Science, Oxford 1994. Paperback 1996.

Detienne, Marcel: The Gardens of Adonis. Spices in Greek Mythology, Translated from the French by Janet Lloyd, London 1977 (Französische Originalausgabe 1972).

Detienne, Marcel: Dionysos. Göttliche Wildheit, aus dem Französischen von Gabriele und Walter Eder, Frankfurt 1992 (Französische Originalausgabe 1986).

Detienne, Marcel / Vernant, Jean-Pierre: Cunning Intelligence in Greek Culture and Society, Translated from the French by Janet Lloyd, Sussex 1978 (Französische Originalausgabe Paris 1974).

Dihle, Albrecht: Griechische Literaturgeschichte. Von Homer bis zum Hellenismus, München 2. Auflage 1991.

Doumas, Christos: Die Wandmalereien von Thera, aus dem Englischen übersetzt von Monika Wagner, München 1996.

Dowden, Ken: Death and the Maiden. Girls' Initiation Rites in Greek Mythology, London 1989.

Dubois, Page: Centaurs and Amazons. Women and the Pre-History of the Great Chain of Being, Ann Arbor 1982. Paperback 1991.

Euripides: Tragödien, übersetzt von Hans von Arnim, mit einer Einführung und Erläuterungen von Bernd Zimmermann, München 1990.

Faure, Paul: Kreta. Das Leben im Reich des Minos, aus dem Französischen übersetzt von Isolde und Karl Friedrich Eisen, Stuttgart 3. Auflage 1983 (Französische Originalausgabe 1977).

Flacelière, Robert: Griechenland. Leben und Kultur in klassischer Zeit, aus dem Französischen übersetzt und herausgegeben von Edgar Pack, Stuttgart 2. Auflage 1979 (Französische Originalausgabe 1959).

Franz, Michael: Der Mythos von Baubo, in: Hans Peter Duerr (Hg.), Die wilde Seele. Zur Ethnopsychoanalyse von Georges Devereux, Frankfurt a. M. 1987.

Frauenmedizin in der Antike, griechisch-latein-deutsch, herausgegeben und übersetzt von Charlotte Schubert und Ulrich Huttner, Düsseldorf/Zürich 1999.

Friedrich, Paul: The Meaning of Aphrodite, Chicago 1978.

Gentili, Bruno: Nel Tiaso Saffico, in: Le Donne in Grecia, Bari 1985.

Giebel, Marion: Sappho, Reinbek bei Hamburg 1980.

Das Gilgamesch-Epos, übersetzt von Albert Schott; neu herausgegeben von Wolfram von Soden, Stuttgart 1994 (urspr. 1958).

Goodison, Lucy: Death, Women and the Sun. Symbolism of Regeneration in Early Aehean Religion, London 1989 (Institut of Classical Studies. Bulletin Supplement 53).

Goodison, Lucy / Morris, Christine: Beyond the »Great Mother«: The Sacred World of the Minoans, in: Goodison, Lucy / Morris, Christine 1998, Seite 113-132.

Goodison, Lucy/ Morris, Christine (Hg.): Ancient Goddesses. The Myths and the Evidence, London 1998.

Grant, Michael / Hazel, John: Lexikon der antiken Mythen und Gestalten, aus dem Englischen von Holger Fließbach, München 2. Auflage 1983 (Englische Originalausgabe 1973).

Gsell, Monika: Die Bedeutung der Baubo. Zur Repräsentation des weiblichen Genitales, Basel 2001.

Halperin, David M. / Winkler, John. J. / Zeitlin, Froma I. (Hg.): Before Sexuality. The Construction of the Erotic Experience in the Ancient Greek World, Princeton 1990.

Hawley, Richard/Levick, Barbara (Hg.): Women in Antiquity. New Assessments, London 1995.

Hesiod: Theogonie. Werke und Tage, herausgegeben und übersetzt von Albert von Schirnding, Düsseldorf/Zürich 2. Auflage 1997.

Holst-Warhaft, Gail: Dangerous Voices. Women's Laments and Greek Literature, London 1995 (Originalausgabe 1992).

Homer: Ilias, übersetzt von Wolfgang Schadewaldt, mit einem Nachwort von Joachim Latacz, Düsseldorf/Zürich 2002.

Homer: Die Odyssee, übersetzt von Wolfgang Schadewaldt, mit einem Nachwort von Rainer Nickel, Düsseldorf/Zürich 2001.

Homerische Hymnen: griechisch-deutsch, herausgegeben von Anton Weiher, München 3. Auflage 1970.

Isager, Signe/Skydsgaard, Jens Eric: Ancient Greek Agriculture. An Introduction, London 1992. Paperback 1995.

Johnston, Iles: Restless Dead. Encounters between the Living and the Dead in Ancient Greece, Berkeley/Los Angeles 1999.

Just, Roger: Women in Athenian Law and Life, London 1989.

Keller, Mara Lynn: The Eleusinian Mysteries of Demeter and Persephone: Fertility, Sexuality, and Rebirth, in: Journal of Feminist Studies in Religion 4 (1988), Seite 27-54.

Kerény, Karl: Die Mythologie der Griechen, 2 Bände, München 5. Aufl. 1981.

Kerény, Karl: Töchter der Sonne. Betrachtungen über griechische Gottheiten, Stuttgart 1997.

Keuls, Eva C.: Male-Female Interaction in Fifth-Century Dionysiac Ritual as shown in Attic Vase Painting, in: Zeitschrift für Papyrologie und Epigraphik 55 (1984), Seite 287-296.

Keuls, Eva C.: The Reign of the Phallus. Sexual Politics in Ancient Athens, Berkeley/Los Angeles 1993.

King, Helen: Hippokrates' Women. Reading the Body in Ancient Greece, London 1998.

Kraemer, Ross Shepard: Her Share of the Blessings. Women's Religions among Pagans, Jews, and Christians in the Greco-Roman World, Oxford 1992.

Larson, Jennifer: Greek Nymphs. Myths, Cult, Lore, Oxford 2001.

Lefkowitz, Mary R.: Women in Greek Myth, Baltimore 1986. Paperback 1990.

Loraux, Nicole: The Children of Athene. Athenian Ideas about Citizenship & the Division between the Sexes, translated by Caroline Levine, Princeton 1993 (Französische Originalausgabe 1984).

Loraux, Nicole: Die Trauer der Mütter. Weibliche Leidenschaft und die Gesetze der Politik, aus dem Französischen von Eva Moldenhauer, Frankfurt 1992 (Französische Originalausgabe 1990).

Marinatos, Nanno: Minoan Religion. Ritual, Image, and Symbol, Columbia 1993.

Mylonas, George E.: Eleusis and the Eleusinian Mysteries, Princeton 1961.

Nilsson, Martin P.: The Minoan-Mykenian Religion and its Survival in Greek Religion, Lund 2. Auflage 1950.

Nilsson, Martin P.: Greek Folk Religion, Gloucester (Mass.) 1971.

Peradotto, John / Sullivan, J. P. (Hg.): Women in the Ancient World. The *Arethusa* Papers, Albany 1984.

Platon: Werke in acht Bänden, herausgegeben von Gunther Eigler, Darmstadt 1990 (Sonderausgabe; Originalausgabe 1977)

Pollard, John: Seers, Shrines and Sirens. The Greek Religious Revolution in the Sixth Century B. C., London 1965.

Pomeroy, Sarah B.: Frauenleben im klassischen Altertum, aus dem Englischen übersetzt von Norbert F. Mattheis, Stuttgart 1985 (Amerikanische Originalausgabe 1984).

Rabinowitz, Nancy Sorkin: Anxiety Veiled. Euripides and the Traffic in Women, Ithaca 1993.

Ranke-Graves, Robert von: Griechische Mythologie. Quellen und Deutung, autorisierte deutsche Übersetzung von Hugo Seinfeld unter Mitwirkung von Boris von Borresholm, Reinbek bei Hamburg 1960. Taschenbuch 1984 (Amerikanische Originalausgabe 1955).

Roller, Lynn E.: In Search of God the Mother. The Cult of the Anatolian Cybele, Berkeley 1999.

Rudloff, Robert von: Hekate in Ancient Greek Religion, Winnipeg 1999.

Scheffer, Thassilo von: Hellenische Mysterien und Orakel, Stuttgart 1940.

Scholl, Andreas: Die Korenhalle des Erechtheion auf der Akropolis. Frauen für den Staat, Frankfurt a. M. 1998.

Schrott, Raoul: Die Erfindung der Poesie. Gedichte aus den ersten drei Jahrtausenden, Frankfurt a. M. 1997.

Simon, Erika: Die Götter der Griechen, München 4. Aufl. 1998.

Sissa, Giulia: Greek Virginity, translated by Arthur Goldhammer, Cambridge (Mass.) 1990.

Skov, G. E.: The Priestess of Demeter and Kore and her Role in the Initiation of Women at the Festival of the Haloa at Eleusis, in: Temenos 11 (1975), Seite 136-147.

Snell, Bruno: Die Entdeckung des Geistes. Studien zur Entstehung des europäischen Denkens bei den Griechen, Göttingen 6. durchgesehene Auflage 1986.

Sophokles: Tragödien und Fragmente, griechisch-deutsch, herausgegeben und übersetzt von Wilhelm Willige, überarbeitet von Karl Bayer, München 1966.

Specht, Edith: Schön zu sein und gut zu sein. Mädchenbildung und Frauensozialisation im antiken Griechenland, Wien 1989 (Reihe Frauenforschung Bd. 9).

Stafford, Emma: Worshipping Virtues. Personification and the Divine in Ancient Greece, London 2000.

Steiner, George: Die Antigonen. Geschichte und Gegenwart eines Mythos, München 1990.

Tyrrell, Wm. Blake: Amazons. A Study in Athenian Mythmaking, Baltimore 1984.

Verbruggen, H.: Le Zeus Crétois, Paris 1981.

Vernant, Jean-Pierre: Myth and Society in Ancient Greece, translated by Janet Lloyd, New York 1990 (Französische Originalausgabe 1974).

Winkler, John J.: Der gefesselte Eros. Sexualität und Geschlechterverhältnis im antiken Griechenland, aus dem Amerikanischen von Sebastian Wohlfeil, München 1997 (Amerikanische Originalausgabe 1990).

Winkler, John J. / Zeitlin, Froma I.: Nothing to do with Dionysos? Athenian Drama in its Social Context, Princeton 1992.

Zeitlin, Froma I.: Signifying Difference: The Myth of Pandora, in: Hawley, Richard / Levick, Barbara (Hg.), Seite 58-74.

Zeitlin, Froma I.: Playing the Other. Gender and Society in Classical Greek Literature, Chicago 1996.

Zingsem, Vera: Göttinnen großer Kulturen, München 1999 (Erstausgabe Tübingen 1995).

Abbildungsnachweis

Seite 25: Wandbild auf Thera, aus: Lucy Goodson / Christine Morris, Beyond the »Great Mother«, in: L. Goodison / Ch. Morris, Ancient Goddesses, London 1998.

Seite 27: Silberdiademe aus Syros: Kultische Tanzszenen, aus: Lucy Goodson, Death, Women and the Sun, University of London, Institute of Classical Studies, Bulletin Supplements 53, 1989.

Seite 64: Pythia auf Dreischemel empfängt Apollon, Berliner Schale, © Staatliche Museen zu Berlin – Preußischer Kulturbesitz, Antikensammlung / Foto: Johannes Laurentius/bpk.

Seite 67: oben: Weibliche Adorantinnen verehren weibliche Sonnengöttin.
unten: Anbeterinnen vor einem erhöhten bzw. schwebenden männlichen Gott.
Beide Abbildungen aus: Lucy Goodson, Death, Women and the Sun, University of London, Institute of Classical Studies, Bulletin Supplements 53, 1989

Seite 142: oben: Dionysischer Satyr entführt eine Mänade.
unten: Mänade und Dionysos (?) in liebevoller Umarmung.
Vor- und Rückseite einer schwarzfigurigen Vase, aus: Eva C. Keuls, The Reign of the Phallus. Sexual Politics in Ancient Athens, Berkeley / Los Angeles (Cal.) 1993.